高等职业教育无人机专业群系列教材

无人机组装与调试

WURENJI ZUZHUANG YU TIAOSHI

主　编　曹明兰　李亚东

副主编　赵小平　刘彦君　孙鑫浩

西安交通大学出版社
XI'AN JIAOTONG UNIVERSITY PRESS

内容提要

本书以突出实际应用为宗旨,以微、小型民用无人机组装与调试为主要内容,基于行动导向的学习领域构建多个教学项目,并按学习者的认知规律,由易到难、由浅入深地层层递进,重构并设计了实训任务。

本书以微、小型民用无人机组装与调试为主线,涵盖了无人机组装与调试准备、微型实训多旋翼无人机组装与调试、多旋翼航摄无人机组装与调试、多旋翼植保无人机组装与调试、固定翼无人机组装与调试等全流程的知识、技能、素养的训练与培养。

本书强调科学性、系统性、实用性相结合,可作为中高职院校无人机专业的教材或参考书,也可作为广大航模爱好者学习的参考书,还可作为企事业单位无人机保管和维护人员的培训教材和参考资料。

图书在版编目(CIP)数据

无人机组装与调试 / 曹明兰,李亚东主编. 一西安 :
西安交通大学出版社,2024.7
高等职业教育无人机专业群系列教材
ISBN 978 - 7 - 5693 - 3662 - 7

Ⅰ. ①无… Ⅱ. ①曹… ②李… Ⅲ. ①无人驾驶
飞机－组装－高等职业教育－教材 ②无人驾驶飞机－调试
方法－高等职业教育－教材 Ⅳ. ①V279

中国国家版本馆 CIP 数据核字(2024)第 040331 号

书　　名	无人机组装与调试
	WURENJI ZUZHUANG YU TIAOSHI
主　　编	曹明兰　李亚东
策划编辑	杨　璠　曹　昳
责任编辑	杨　璠
责任校对	魏　萍　李　文
封面设计	任加盟
出版发行	西安交通大学出版社
	(西安市兴庆南路 1 号　邮政编码 710048)
网　　址	http://www.xjtupress.com
电　　话	(029)82668357　82667874(市场营销中心)
	(029)82668315(总编办)
传　　真	(029)82668280
印　　刷	西安五星印刷有限公司
开　　本	787 mm×1092 mm　　1/16　　印张 17.375　　字数 426 千字
版次印次	2024 年 7 月第 1 版　　2024 年 7 月第 1 次印刷
书　　号	ISBN 978 - 7 - 5693 - 3662 - 7
定　　价	59.90 元

如发现印装质量问题,请与本社市场营销中心联系。
订购热线:(029)82665248　(029)82667874
投稿热线:(029)82668804
读者信箱:phoe@qq.com

前言
PREFACE

　　本书贯彻落实《中共中央关于认真学习宣传贯彻党的二十大精神的决定》，推动党的二十大精神进教材、进课堂、进头脑，结合职业教育特点，本着"以学生为中心"的原则，基于突出专业核心技能培养的教材建设指导思想，将行业新技术、新工艺、新规范以及企业优质案例资源融入教材，同时以显隐结合的方法将家国情怀、理想信念、职业素养等方面的内容融入教材。

　　无人机组装是按照规定的技术要求，将若干零件结合成部件，或将若干零件或部件结合成产品的过程。组装过程是保证产品质量及制造准确度的重要环节，无人机组装方法的科学性、工艺的合理性，都会影响无人机的强度、可靠性和使用性能。

　　本书以微、小型民用无人机组装与调试为主线，全面系统地介绍了常用无人机的组装与调试方法，使读者在实践的基础上分析和探索，提高对无人机组装与调试的实践能力。全书内容共五个项目，包括无人机组装与调试准备、微型实训多旋翼无人机组装与调试、多旋翼航摄无人机组装与调试、多旋翼植保无人机组装与调试、固定翼无人机组装与调试，使读者掌握常用无人机类型的组装与调试技术。

　　全书的编写力求实现科学性、系统性和实用性有机结合，满足理实一体课程的教学需求，具有详细的基础知识与操作步骤，有利于教师备课及学生课后练习和复习。同时，本书融入大量的实例任务，将理论知识与实践技能相结合，加深了读者对无人机组装与调试技术领域的理解和掌握程度。本书由北京工业职业技术学院的曹明兰、李亚东担任主编，北京工业职业技术学院的赵小平、刘彦君，北京飞马航遥科技有限公司的孙鑫浩担任副主编。曹明兰负责项目一至项目三的编写，李亚东负责项目四和项目五的编写，赵小平负责制作任务评价，刘彦君负责制作工作任务单，孙鑫浩负责扩展阅读资料整理。曹明兰负责全书的统稿与审定工作。在编写过程中，得到北京飞马航遥科技有限公司、北方天途航空技术发展（北京）有限公司、山西迪奥普科技有限公司、金翼飞翔（北京）航空科技有限公司、北京未来智能科技有限公司等的大力支持，在此表示衷心感谢。在本书的编写过程中，编者参考了国内外有关文献资料，向有关作者表示感谢。

　　由于作者水平有限，本书不足之处在所难免，敬请广大专家和读者批评指正。

编　者

2024 年 3 月

目录
CONTENTS

无人机组装与调试准备

项目描述

熟练使用组装工具是无人机组装工作的基础,能够熟练地正确使用组装工具与材料,可使无人机组装与调试工作事半功倍。

本项目设置了无人机组装工具的使用、无人机的材料选择、无人机的动力配置、遥控器与接收机对频等内容,使学生认识无人机组装常用工具和辅助材料、动力系统的常见规格,能够独立完成常用工具和辅助材料的正确操作、常用几种遥控器与接收机的对频操作,为下一步无人机组装与调试的学习打下基础。

项目导图

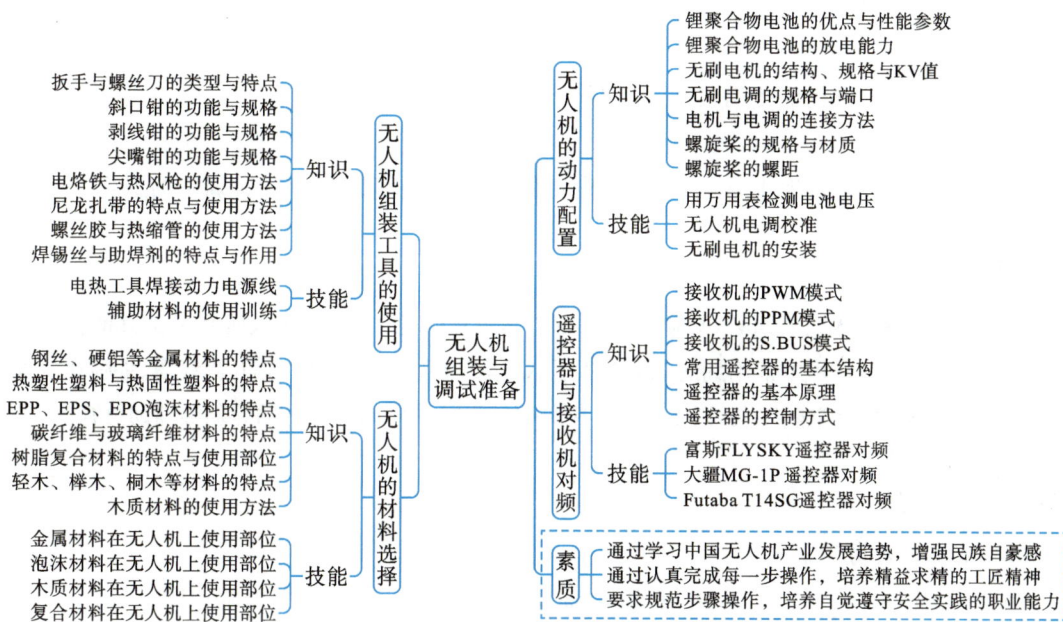

任务一　无人机组装工具的使用

学习目标

一、知识目标

(1)了解无人机组装过程中使用的常用工具类型。

(2)熟悉无人机组装时常用的辅助材料。

(3)了解紧固工具、切割工具的使用方法和注意事项。

(4)了解辅助材料的使用方法和注意事项。

(5)熟悉电热工具的使用方法和注意事项。

二、能力目标

(1)能够正确选择辅助材料与工具设备。

(2)能够按照要求,正确使用紧固工具和切割工具。

(3)能根据被焊工件的不同,选用合适的电烙铁的功率及种类。

(4)能按照安全操作要求,正确使用电烙铁和热风枪。

(5)能够正确使用热缩管,进行各种线束、焊点、电感的绝缘保护。

三、素质目标

(1)根据相关要求正确使用实训室工具与设备,培养爱惜、维护实训室工具与设备等公共财产的意识。

(2)实训结束后进行实训室卫生清洁,自觉保持、监督和清理教室和实训室的卫生。

任务分析

要想顺利地完成无人机组装,必须有合适的工具来支持,所以了解无人机组装工具的使用是很重要的。无人机组装过程中常用到的工具有扳手、螺丝刀等紧固工具,斜口钳、剥线钳、尖嘴钳等切割工具,电烙铁、热风枪等电热工具,以及尼龙扎带、螺丝胶、热缩管、焊锡丝、助焊剂等辅助材料。

任务步骤

①完成工作任务单。

②进行紧固工具、切割工具、电热工具、辅助材料等的学习,完成学习笔记的记录。

③对不同工具进行清单列项,完成分类与特点描述。

④实操电烙铁、热风枪的正确使用方法,完成工作实施单。

⑤实操无人机组装常用紧固工具和切割工具的正确使用方法。

⑥核对完成结果,完成提升训练单。

工作任务单

班级：_____　　　　　　姓名：_____

学习咨询材料,回答以下问题:

(1)无人机组装过程中使用到的紧固工具有哪几种?

(2)无人机组装过程中使用到的切割工具有哪几种? 分别有什么特点?

(3)电烙铁有哪几种类型? 根据被焊接工件不同,选择什么规格的电烙铁? 请填写下表。

电烙铁类型	适合被焊接工件类型	适用范围
25 W 外热式电烙铁		
50 W 内热式电烙铁		
100 W 弯扁头电烙铁		

学习 笔记

班级：_____　　　　　　　姓名：_____

主题	
内容	问题与重点
总结	

工作实施单

班级：＿＿＿＿＿＿＿＿　　　　　　姓名：＿＿＿＿＿＿＿＿

操作并练习使用电烙铁、热风枪等电热工具，结合焊锡丝和助焊剂的使用，正确焊接动力电源线，并填写下表。

序号	工具名称	工具使用要点	操作注意要点

提升训练单

班级：＿＿＿＿＿＿＿＿　　　　　　姓名：＿＿＿＿＿＿＿＿

实操尼龙扎带、螺丝胶、热缩管等材料的使用方法，填写下表。

序号	材料名称	材料特点	注意要点

咨询材料

要想组装无人机,必须先有得心应手的工具。无人机组装与调试过程中会用到各种工具,常用的有紧固工具、切割工具、电热工具等。

一、紧固工具

无人机组装过程中用到的紧固工具有扳手、螺丝刀等。

1.扳手

扳手是一种常用的安装与拆卸工具,是利用杠杆原理拧转螺栓、螺母的开口或套孔固件的手工工具,通常用碳素或合金材料的结构钢制造,如图1.1所示。扳手通常在柄部的一端或两端制有夹持螺栓或螺母的开口或套孔,使用时沿螺纹旋转方向在柄部施加外力,就能拧转螺栓或螺母。

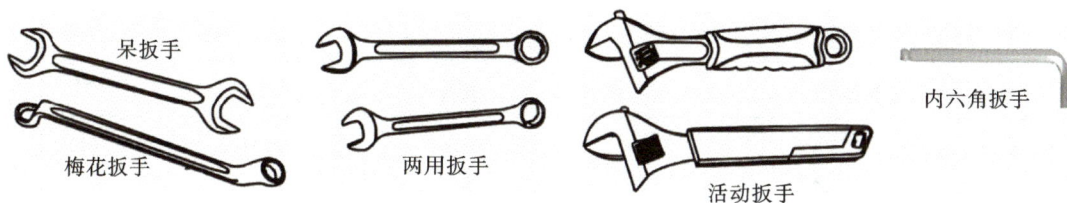

呆扳手

梅花扳手

两用扳手

活动扳手

内六角扳手

图1.1　扳手

(1)呆扳手:一端或两端制有固定尺寸的开口,用以拧转一定尺寸的螺母或螺栓。

(2)梅花扳手:两端具有带六角孔或十二角孔的工作端,适用于工作空间狭小的场合。

(3)两用扳手:一端与单呆扳手相同,另一端与梅花扳手相同,两端可拧转相同规格的螺栓或螺母。

(4)活动扳手:开口宽度可在一定尺寸范围内进行调节,能拧转不同规格的螺栓或螺母。

(5)内六角扳手:成L形的六角棒状扳手,专用于拧转内六角螺丝(见表1.1)。内六角扳手自1911年被发明至今,已成为工业制造业中不可或缺的得力工具,它具有诸多优点:

①简单而且轻巧;

②内六角螺丝与扳手之间有六个接触面,受力充分且不容易损坏;

③可以用来拧深孔中的螺丝;

④扳手的直径和长度决定了它的扭转力;

⑤可以用来拧非常小的螺丝;

⑥容易制造,成本低廉;

⑦扳手的两端都可以使用。

常用内六角扳手的规格有 1.5、2、2.5、3、4、5、6、8、10、12、14、17 mm 等。

表 1.1 内六角螺丝尺寸对照表

公制扳手规格/mm	螺丝规格				
	内六角圆柱头螺钉(杯头)	内六角沉头螺钉(平杯)	内六角半圆柱头螺钉(圆杯)	内六角紧定螺钉(机米)	内六角圆柱头轴肩螺钉(塞打)
1.5	M1.6,M2			M3	
2	M2.5	M3	M3	M4	
2.5	M3	M4	M4	M5	
3	M4	M5	M5	M6	M5
4	M5	M6	M6	M8	M6
5	M6	M8	M8	M10	M8
6	M8	M10	M10	M12,M14	M10
8	M10	M12	M12	M16	M12
10	M12	M14,M16	M14,M16	M18,M20	M16
12	M14	M18,M20	M18,M20	M22,M24	M20
14	M16,M18	M22,M24	M22,M24		
17	M20				

2. 螺丝刀

螺丝刀俗称改锥、起子,是一种用来拧转螺丝以使其就位的常用工具,如图 1.2 所示。从其结构形状来说,通常有一字形、十字形、米字形、梅花形、H 形、六角形等。

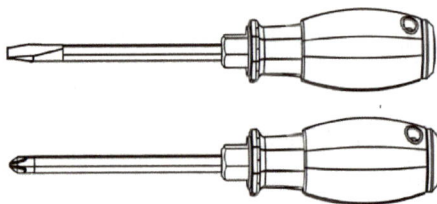

图 1.2 一字形、十字形螺丝刀

二、切割工具

1. 斜口钳

斜口钳主要用于剪切元器件多余的引线,还常用来代替一般剪刀剪切尼龙扎线等,如图1.3所示。

斜口钳的刀口可用来剖切软电线的橡皮或塑料绝缘层,也可用来切剪电线、铁丝,但不可以用来剪切钢丝、钢丝绳或过粗的铜导线和铁丝,否则容易导致钳子损坏。

图1.3　斜口钳

2. 剥线钳

剥线钳用来剥除电线头部的表面绝缘层,如图1.4所示。使用时根据电线的粗细型号,选择相应的剥线刀口。

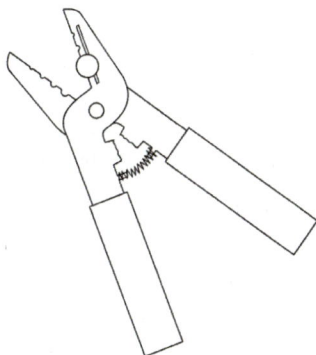

图1.4　剥线钳

3. 尖嘴钳

尖嘴钳又称修口钳、尖头钳、尖咀钳,它由尖头、刀口和钳柄组成,如图1.5所示。尖嘴钳主要用来剪切线径较细的单股与多股线,以及给单股导线接头弯圈、剥塑料绝缘层等,能在较狭小的工作空间操作。不带刃口者只能夹捏工作,带刃口者能剪切细小零件。

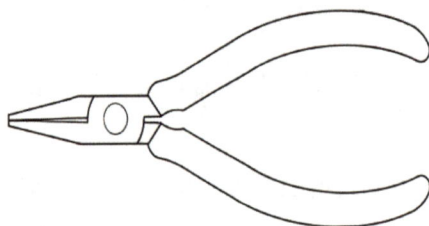

图1.5 尖嘴钳

三、电热工具

1.电烙铁

电烙铁的主要用途是焊接元件及导线,如图1.6所示。

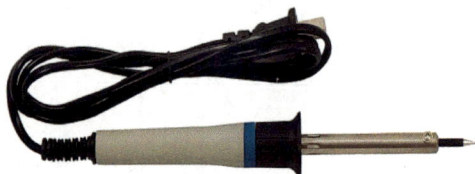

图1.6 常用电烙铁

电烙铁的种类及规格有很多,加之被焊工件的大小又有所不同,因而合理地选用电烙铁的功率及种类,对提高焊接质量和效率有直接的关系:

①焊接集成电路、晶体管及受热易损元器件时,应选用20 W内热式或25 W外热式电烙铁。

②焊接导线及同轴电缆时,应选用45~75 W外热式电烙铁或50 W内热式电烙铁。

③焊接较大的元器件时,如行输出变压器的引线脚、大电解电容器的引线脚、金属底盘接地焊片等,应选用100 W以上的电烙铁。

电烙铁使用注意事项:

①使用前应检查使用电压是否与标称电压相符;

②应该具有接地线;

③通电后不能任意敲击、拆卸及安装其电热部分零件;

④应保持干燥,不宜在过分潮湿或淋雨环境使用;

⑤拆烙铁头时要切断电源;

⑥切断电源后,最好利用余热在烙铁头上上一层锡,以保护烙铁头;

⑦当烙铁头上有黑色氧化层时,可用砂布擦去,然后通电,并立即上锡;

⑧海绵用来收集锡渣和锡珠,以用手捏刚好不出水为适。

2. 热风枪

热风枪是利用发热电阻丝的枪芯吹出的热风,对元器件进行焊接与摘取的工具,如图1.7所示。

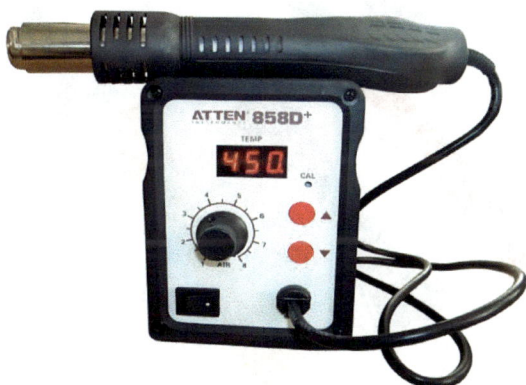

图1.7　热风枪

热风枪使用注意事项:

①使用热风枪之前应确信已经可靠接地,防止工具上的静电损坏元器件。

②根据不同的喷嘴的形状、工作要求特点调整热风枪的温度和风量;

③电阻、电容等微小元件的拆焊时间为5 s左右;

④打开电源开关后要等热风枪预热至温度稳定后方可进行焊接,使用时焊铁部要在元件上方1～2 cm处均匀加热,不可触及元件;

⑤在拆焊过程中,注意保护周边元器件的安全;

⑥安装喷嘴时勿用力过大,勿用焊铁部敲打作业台,避免发热丝和高温玻璃损坏;

⑦高温操作应十分小心,切勿在易燃气体、物体附近使用热风枪,注意人身安全;

⑧更换部件或操作人员离开时,要关闭电源并待其冷却,长期不用应该拔出电源插头;

⑨工作完成并关掉电源开关后,热风枪开始自动冷却,在自动冷却时段不可拔出电源插头。

四、辅助材料

1. 尼龙扎带

扎带又称束线带、锁带、扎线带,按其材质划分,就有尼龙扎带、不锈钢扎带、喷塑不锈钢扎带等。尼龙扎带(见图1.8)种类繁多,根据功能不同可分为自锁式扎带、标牌扎带、活扣扎带、防拆扎带、固定头扎带、标签扎带、插销扎带、飞机头扎带、珠孔扎带、鱼骨扎带、耐候扎带等。

尼龙扎带具有较高的抗拉力、抗冲击力,有较强的耐酸耐碱功能,这是传统的绳索或扎线所不具备的。

图1.8 尼龙扎带

2. 螺丝胶

螺丝胶又称螺丝固定剂或厌氧胶,如图1.9所示,主要用于电气、电子、航空航天、机械及汽车等行业,保证螺丝在作业过程中不脱落,同时具有防锈作用。

图1.9 螺丝胶

3.热缩管

热缩管是一种特制的聚烯烃材质热收缩套管,如图1.10所示,其由外层优质柔软的交联聚烯烃材料及内层热熔胶复合加工而成,具有高温收缩、柔软阻燃、绝缘防蚀等功能,广泛应用于各种线束、焊点、电感的绝缘保护及金属管、棒的防锈、防蚀等。

图1.10　热缩管

4.焊锡丝

焊锡丝也称为焊锡线、锡线、锡丝,如图1.11所示。普通焊锡丝由锡合金和助焊剂两部分组成,合金成分有无铅和有铅,而助焊剂均匀灌注到锡合金中间部位。实芯型焊锡丝不含助焊剂。

图1.11　焊锡丝

5.助焊剂

在焊接工艺中,助焊剂能帮助和促进焊接过程,同时具有辅助热传导、去除氧化物、降低被焊接材质表面张力、去除被焊接材质表面油污、增大焊接面积、防止再氧化等作用。助焊剂通常是以松香为主要成分的混合物,如图1.12所示,松香在260 ℃左右会分解,因此锡槽温度不宜太高。

图 1.12　助焊剂松香

任务评价

评价模块	评价内容	得分
知识模块 （30%）	复述电烙铁和热风枪的类型与工作原理（8分）	
	复述无人机电烙铁的焊接步骤和焊接方法（12分）	
	熟知电烙铁的焊接要求与焊接要领（10分）	
技能模块 （50%）	正确使用热缩管，能进行线束、焊点、电感绝缘保护（20分）	
	正确使用紧固工具和切割工具（10分）	
	根据被焊工件的不同，选用合适的电烙铁的功率及种类（10分）	
	按照安全操作要求，正确使用电烙铁和热风枪（10分）	
素养模块 （20%）	工具使用正确，注意工具使用过程中的安全注意事项（8分）	
	使用完工具归位，实训室卫生环境保持良好（7分）	
	按流程进行各项任务实施（5分）	
总分		

任务二　无人机的材料选择

学习目标

一、知识目标

(1)了解无人机常用材料类型。

(2)掌握无人机常用的金属材料、塑料材料、泡沫材料、木质材料等的特性。

(3)掌握无人机常用的碳纤维、玻璃纤维、树脂复合材料等的特性。

(4)了解无人机材料的选择原则。

二、能力目标

(1)能够根据金属材料的特性,选择在无人机上的正确使用部位。

(2)能够根据塑料材料的特性,选择在无人机上的正确使用部位。

(3)能根据多旋翼无人机的性能要求,选用合适的泡沫材料。

(4)能根据固定翼无人机的性能要求,选用合适的木质材料。

(5)能根据多旋翼无人机的性能要求,选用合适的碳纤维、玻璃纤维、树脂复合材料等。

三、素质目标

(1)完成任务过程中勇于发现问题,培养实事求是、诚信担当的品质。

(2)通过小组合作完成任务,提高团队合作、执行力和吃苦耐劳品质。

任务分析

材料选用对无人机性能会有不同的影响,不同的位置所使用的材料也很讲究。除了使用与有人机相同的材料外,由于无人机的外形、尺寸和性能方面更加多样,也造就了无人机材料的多样性。飞机的机身和机翼承受载荷与速度有关。速度越高,机身和机翼承受载荷越大,对材料强度的要求越高。而无人机一般速度较低,对材料的强度要求相对较低,因而能够更多采用如泡沫、塑料等密度较低的材料。

任务步骤

①进行无人机常用的金属材料、塑料材料、泡沫材料、复合材料、木质材料的学习,完成学习笔记。

②对无人机的不同材料进行清单列项,完成分类与特点描述。

③完成工作任务单。

④能够根据需要正确选择无人机组装材料,完成工作实施单。

⑤核对完成结果,拓展学习范围,完成提升训练单。

工作任务单

班级：_____   姓名：_____

学习咨询材料，回答以下问题：

(1)用于无人机上的金属材料有哪些？

(2)无人机使用较多的 EPP 泡沫、EPS 泡沫、EPO 泡沫之间有哪些异同点？

(3)无人机主要使用的木质材料有哪几种？它们都有什么特点？

(4)常用的复合材料有碳纤维、玻璃纤维、树脂复合材料等，它们都有哪些优点？应用于无人机的什么部位？请填入下表。

复合材料类型	优点	无人机上主要使用部位
碳纤维		
玻璃纤维		
树脂复合材料		

学习 笔记

班级：_____　　　　姓名：_____

主题	
内容	问题与重点
总结	

工作实施单

班级：_____　　　　　姓名：_____

复合材料有哪些？它们各有什么优点？请填入下表。

序号	材料名称	材料特点	主要应用

提升训练单

无人机上大量使用轻量化工程塑料，可有效减重，达到低能耗、高续航的目的。现在有 PP（聚丙烯）、PA（尼龙树脂，聚酰胺）、PC/ABS 合金材料，请说出以上三种材料都适合用在无人机的哪些部位？为什么？填写下表。

材料名称	材料特点	主要应用部位
PP聚丙烯		
PA尼龙树脂		
PC/ABS合金		

咨询材料

除了与有人机相同的金属材料和复合材料外,无人机中还常使用木质材料、塑料及耐高温材料等。无人机由于其特殊性,对自身质量要求极高。无人机机体对材料的性能要求包括:

①重量轻、比重小,以提升续航能力;

②耐冲击,不容易损坏;

③高流动性,容易加工,成本可控;

④耐磨性能好,耐刮擦。

一、金属材料

1.钢丝

无人机的起落架、舵机连杆、机构上的弹簧和挂钩、螺旋桨轴等都会用到钢丝。除弹簧外,钢丝在大多数情况下不需要再进行热处理。

2.硬铝

由硬铝制作的无人机零件质量既轻又有一定的强度,如起落架、整流罩、固定件和连接件、发动机和电动机的零件等,如图1.13所示。硬铝属于铝镁系铝合金,呈银白色。硬铝可塑性很高,不仅可以锻造,还能进行冲压和加工硬化等处理,也很容易进行钻削、车削、铣削等机械加工。

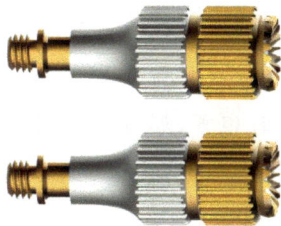

图1.13　铝制无人机零件

3.黄铜

可通过车削加工等方法,利用黄铜制造无人机上的轴套等小零件。将黄铜加热到500 ℃以上,在空气中冷却即可退火,退火后黄铜变软,易弯曲、易冲压。

二、塑料

塑料是通过加聚或缩聚反应聚合而成的高分子化合物。塑料质轻、化学性质稳定、不会锈蚀、耐冲击性好、绝缘性好、具有较好的透明性和耐磨耗性,但大部分塑料耐热性差、热膨胀率大、易燃烧,耐低温性差、低温下变脆、易老化。塑料材质的无人机如图 1.14 所示。根据可塑性,塑料可分为热塑性塑料和热固性塑料。

图 1.14　塑料材质的无人机

1.热塑性塑料

热塑性塑料是指加热后会熔化,可流动至模具,冷却后成型,再加热后又会熔化的塑料。热塑性塑料受热时变软,冷却时变硬,能反复软化和硬化并保持一定的形状。热塑性塑料多具有优良的电绝缘性,宜用作高频和高电压绝缘材料。热塑性塑料易于成型加工,但耐热性较低、易于蠕变。

热塑性塑料主要包括 POM(聚甲醛)、PA(聚酰胺)、PC(聚碳酸酯)、ABS(丙烯腈-丁二烯-苯乙烯共聚物)、PPO(聚苯醚)、PET(聚对苯二甲酸乙二酯)、PSF(聚砜)、PESF(聚醚砜)、PI(聚酰亚胺)、PPS(聚苯硫醚)等。其中,ABS 是五大合成树脂之一,其抗冲击性、耐热性、耐低温性、耐化学药品性及电气性能优良,还具有易加工、制品尺寸稳定、表面光泽性好等特点,容易涂装、着色,还可以进行表面喷镀金属、电镀、焊接、热压和粘接等二次加工,是一种用途极广的热塑性工程塑料。

2.热固性塑料

热固性塑料是指在受热或其他条件下能固化或具有不熔特性的塑料,具有耐热性高、受热不易变形等优点,但机械强度一般不高。典型的热固性塑料有酚醛、环氧、氨基、不饱和聚酯、呋喃、聚硅醚等,还有较新的聚苯二甲酸二烯丙酯塑料等。

3.塑料加工方法

根据各种塑料不同的成型方法,可以采用膜压、层压、注射、挤出、吹塑、浇铸塑料和反应注射塑料等多种加工方法。

三、泡沫材料

泡沫材质分很多种,在无人机中使用较多的有 EPP 泡沫、EPS 泡沫、EPO 泡沫等,如图 1.15所示为泡沫材质的无人机。

图 1.15　泡沫材质的无人机

1. EPP 泡沫

EPP(发泡聚丙烯)比重低、弹性好、抗震抗压、变形恢复率高、吸收性能好、耐油、耐酸、耐碱、耐各种化学溶剂、不吸水、绝缘、耐热、无毒无味、可循环使用且性能几乎毫不降低,是环境友好型泡沫塑料。用 EPP 泡沫制作的无人机结实耐摔,但刚性稍差,在与气流做相对运动时机身容易变形。

2. EPS 泡沫

EPS(聚苯乙烯)抗压强度大、振动阻尼大、隔热性和绝缘性好、抗蠕变性能好、重载下的缓冲性能好,但是不耐多次冲击、易碎、拉伸强度低,不易于模制成各种复杂形状。

3. EPO 泡沫

EPO(发泡聚苯乙烯聚乙烯混合体)是由 30% 的聚乙烯和 70% 的聚苯乙烯组成的一种"共聚物",具有较强的抗压缩性,不易碎裂,坚固性、耐久性和韧性好,表观质量好,抗冲击性强。

四、复合材料

复合材料是人们根据需要设计制造的,由两种或两种以上不同物质以不同方式组合而成的材料。复合材料不仅能保持各组分材料性能的优点,而且通过各组分材料性能的互补和关联可以获得单一组成材料所不能达到的综合性能。

复合材料的基体材料分金属和非金属两大类,金属基体常用的有铝、镁、铜、钛及其合金,非金属基体主要有合成树脂、橡胶、陶瓷、石墨、碳等。增强材料主要有玻璃纤维、碳纤维、硼纤维、芳纶纤维、碳化硅纤维、石棉纤维、晶须、金属等。

复合材料的优点如下：

①与传统金属材料相比,复合材料具有比强度和比刚度高、热膨胀系数小、抗疲劳能力和抗振能力强的特点,将它应用于无人机结构中可以减重25%～30%。

②复合材料本身具有可设计性,在不改变结构重量的情况下,可根据飞机的强度刚度要求进行优化设计。

③无人机复合材料结构设计中常使用到的是复合材料的轻质、高比强度比模量等特性,主要通过增强材料(碳纤维、玻璃纤维等)良好的力学性能和基本材料(树脂)的黏结作用两者有机地结合而成。

1. 碳纤维

碳纤维是一种含碳量在95%以上的高强度、高模量的新型纤维材料,如图1.16所示。碳纤维"外柔内刚",质量比金属铝轻,但强度却高于钢铁,并且具有高强度、高耐热性、高抗热冲击性、低热膨胀系数、低热容量、低比重、优秀的抗腐蚀与辐射性能等特性。

碳纤维是目前多旋翼无人机机体的主要材料。碳纤维具有强度高、模量高、耐高温、导电等一系列性能。目前大部分的无人机不论是固定翼、直升机还是特殊的直升机多旋翼,基本机身及其附件都采用碳纤维、玻璃纤维等复合材料。碳纤维因其良好的耐高温性、耐疲劳性,也可作为飞行器如电机座,以及机体间相接部分位置的加强等。

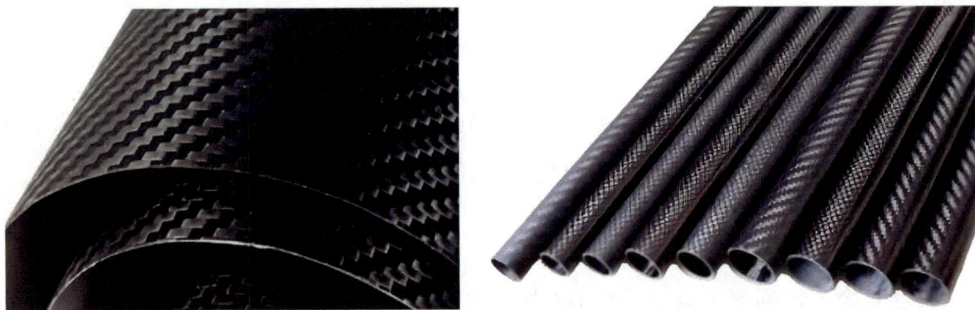

图 1.16 碳纤维材料

2. 玻璃纤维

玻璃纤维是一种性能优异的无机非金属材料,种类繁多,优点是绝缘性好、耐热性强、抗腐蚀性好、机械强度高,但缺点是性脆、耐磨性较差。目前用于高性能复合材料的玻璃纤维主要有高强度玻璃纤维、石英玻璃纤维和高硅氧玻璃纤维等。高强度玻璃纤维复合材料多用在直升机旋翼、预警机雷达罩等。石英玻璃纤维及高硅氧玻璃纤维属于耐高温的玻璃纤维,是比较理想的耐热防火材料,用其增强酚醛树脂可制成各种结构的耐高温、耐烧蚀的复合材料部件。

3.树脂复合材料

可作为塑料制品加工原料的任何高分子化合物都称为树脂。用聚醚醚酮（PEEK）作为基体树脂与碳纤维制成复合材料，耐疲劳性超过环氧/碳纤维。它的耐冲击性好，在室温下具有良好的耐蠕变性，加工性好，能在240～270 ℃连续使用，是一种非常理想的耐高温绝缘材料。用聚醚砜（PES）作为基体树脂与碳纤维制成的复合材料在200 ℃具有较高的强度和硬度，在－100 ℃尚能保持良好的耐冲击性；无毒，不燃，发烟少，耐辐射性好，可用作航天飞船的关键部件，还可模塑加工成雷达天线罩等。

五、木质材料

木材多用在体量较小的固定翼无人机上，具有质量轻、方便维修、成本低等优点，但也存在木纹结构不一致导致强度不均匀、容易受潮变形、易腐蚀等缺点。无人机中常使用的木质材料有轻木、桐木、榉木等。

1.轻木

轻木是木棉科轻木属植物，中等大小的常绿乔木，树皮灰色、光滑，如图1.17所示。

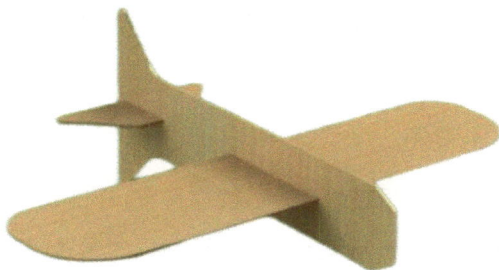

图1.17　轻木

轻木原产于南美洲及西印度群岛，当地人称它为"巴尔沙木"。"巴尔沙"在西班牙语中的意思是"筏子"，轻木的浮力约为栓皮（软木）的二倍，适合制造救生圈和救生衣。干燥的轻木每立方米仅重64 kg左右，其材质均匀、易加工，可用作多种轻型结构物的重要材料。由于具有很好的弹性，轻木也是优良防震材料。轻木具有较好的绝热性，是很好的隔热材料。无人机上的轻木材料主要用来制作固定翼无人机的机架、机翼、翼梁等。

2.桐木

桐木是泡桐的别称，为玄参科泡桐属植物的统称。泡桐树皮灰色、褐色或黑色，如图1.18所示。桐木材质轻、有韧性、干缩系数小，具有不弯、不翘、不变形的特点。经过干燥后的桐木，不易吸收水分、隔潮、耐磨、耐酸碱、不易虫蛀。由于桐木材质轻、价格低廉、易加工，因此适用于航空无人机、乐器等。

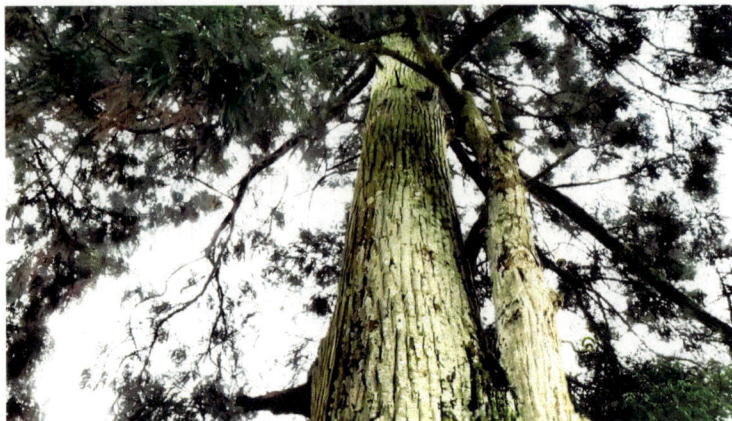

图1.18 桐木

3.红松

红松是著名的珍贵经济树木,其边材淡黄白色,心材淡黄褐色或淡褐红色。红松材质轻软、结构细腻、纹理密直通达,外形美观又不容易变形,且耐腐朽力强。红松木材的刨削、车削性能良好,易于加工,适于制作各种无人机、胶合板、乐器和运动器械。在无人机上红松木材主要用来制作翼梁、机身纵条等。

4.杉木

杉木材质轻软、细致,纹理通直,纤维长,易加工,是航空、造船、建筑、桥梁等常用木材。杉木木条多用于制作无人机和滑翔机的翼梁、构架。

5.榉木

榉木质地均匀、纹理美观、色调柔和流畅,其材质坚硬、抗冲击,具有较好的剪切强度。榉木在蒸汽中易于弯曲,可以制作出各种各样的造型,但在干燥时却不易变形,经久耐用。榉木通过手工加工和机械加工都能获得光洁、平滑的表面,着色和抛光性能都很好。在无人机中榉木主要用来制作螺旋桨、发动机架、起落架托板等部件。

六、材料选择

无人机速度决定了机身所受载荷,也决定了机体材料的选择。民用无人机多数为低速无人机,低速无人机结构用材主要采用玻璃纤维或碳纤维复合材料蜂窝夹层结构。由于低速无人机速度较低,其机身和机翼承受载荷不高,故在材料选择上更加强调"轻质"。最典型应用是木质胶合板(航空层板)、泡沫塑料等轻质材料。低速无人机常在次要承力部位采用木质胶合板,起到减轻自身质量的作用。泡沫塑料是目前最轻的材料,非常适合应用于无人机。但泡沫塑料刚度较低,因而在无人机上泡沫塑料与玻璃钢复合而成的夹层结构被广泛应用于多种无人机的机翼结构中。

微型无人机一般质量只有几十到几百克,速度为几十千米每小时,机体表面承受载荷较小,所以对机体材料强度要求低于传统无人机。由于动力装置功率的限制,微型无人机对自身质量的要求非常高,要求材料密度尽可能小。目前,微型无人机机体结构多采用轻质材料,除了玻璃纤维、碳纤维复合材料外,硬塑料也常作为微型无人机的机体骨架材料。在民用无人机中,复合材料的大量应用是另一个突出特点。选择复合材料时应当考虑如下几点:

(1)功用方面。尽量选择低密度的复合材料,以达到"轻质"目的。同时考虑抗拉强度、抗震、耐高温、耐低温、低热膨胀系数等功能。

(2)工业流程。工艺流程越简单越好,易操作、易推广。如碳纤维管的成型技能多样,能够运用盘绕、模压、拉挤以及热压罐成型,一体成型,可减少零配件的运用,简化结构、减轻质量。

(3)制造成本。随着科学技术的发展,很多优良的复合材料的报价逐渐趋于平价化。而且运用轻质材料,能减少无人机的能源消耗,对环境保护也有重要意义。同时应考虑安全性高、使用寿命长的复合材料。

任务 评价

评价模块	评价内容	得分
知识模块 (30%)	复述无人机常用的金属材料、塑料材料、泡沫材料、木质材料等材料的特性(10分)	
	复述无人机常用的碳纤维、玻璃纤维、树脂等复合材料的特性(10分)	
	熟知无人机不同部位材料的选择原则(10分)	
技能模块 (50%)	根据金属材料的特性,选择在无人机上的正确使用部位(10分)	
	根据塑料材料的特性,选择在无人机上的正确使用部位(10分)	
	根据固定翼无人机的性能要求,选用合适的木质材料(10分)	
	根据多旋翼无人机性能要求,选用合适的碳纤维、玻璃纤维、树脂等复合材料(20分)	
素养模块 (20%)	无人机材料使用正确,注意材料使用部位的注意事项(8分)	
	小组合作良好,团队协作完成任务(7分)	
	按流程进行各项任务实施(5分)	
总分		

任务三　无人机的动力配置

学习目标

一、知识目标

(1)了解无人机锂聚合物电池的优点。

(2)熟悉无人机锂聚合物电池的放电规律。

(3)掌握无人机动力电机的类型、特点及标称。

(4)熟悉无人机电子调速器的类型与特性。

(5)掌握无人机螺旋桨的规格构成、类型、材质及标称。

二、能力目标

(1)能够计算动力电池各种性能参数。

(2)读懂无人机锂聚合物电池的放电曲线图,会用万用表检测电池电压。

(3)能够计算不同工作电压下电机的空载转速。

(4)能够正确连接无人机电子调速器的各端口,会校准电调。

(5)能够辨别多旋翼无人机电机和螺旋桨的旋转方向并正确安装。

三、素质目标

(1)通过认真完成每一步操作,培养认真专注、精益求精的工匠精神。

(2)通过规范的电池充放电操作和电调校准操作,培养规范操作的安全意识。

(3)通过日常工作中无刷电机的安装,培养敬业爱岗、吃苦耐劳的职业精神。

任务分析

微型民用无人机中普遍使用的电动动力系统,主要由动力电源、动力电机、调速系统组成。动力电池为电动机的运转提供电能,通常使用锂离子电池和锂聚合物电池。无刷电机采取电子换向,线圈不动,磁极旋转。无刷电机通过霍尔元件感知永磁体磁极的位置,根据这种感知,使用电子线路适时切换线圈中电流的方向,保证产生正确方向的磁力来驱动电机,具有低干扰、低噪声、运转顺畅、寿命长、维护成本低等优点。电调的作用就是将飞控板的控制信号转变为电流的大小,以控制电机的转速。

任务步骤

①完成工作任务单。

②进行无人机动力电池、动力电机、电子调速器、螺旋桨等的工作原理学习,完成学习笔记的记录。

③正确计算无人机动力电池的容量、放电电流、放电时长等。

④正确绘制无刷电调的输出电源线、信号输入线等接线图。

⑤核对完成结果,完成工作实施单的表格填写。

工作任务单

班级：_____   姓名：_____

学习咨询材料，回答以下问题：

(1)锂聚合物电池的标称电压、满电电压、放电后保护电压各是多少？锂离子动力电池有哪些优点？

(2)2212-850KV 电机在 10 V 电压下的转速是多少？

(3)无人机电子调速器有哪些？各有什么特点？

(4)螺旋桨有很多种，如塑料桨、碳纤维桨、木桨等，在下表中写出以下三种螺旋桨的优缺点。

螺旋桨类型	优点	缺点
塑料桨		
碳纤维桨		
木桨		

学习笔记

班级：＿＿＿＿＿＿＿　　　姓名：＿＿＿＿＿＿＿

主题	
内容	问题与重点
总结	

工作 实施单

班级：＿＿＿＿＿＿＿　　　　　　　姓名：＿＿＿＿＿＿＿

写出用万用表检测电池电压、无人机电调校准及无刷电机安装的操作步骤和要点,填入下表。

操作内容	操作步骤	操作要点
用万用表检测电池电压		
无人机电调校准		
无刷电机安装		

提升 训练单

班级：＿＿＿＿＿＿＿　　　　　　　姓名：＿＿＿＿＿＿＿

绘制无刷电调的输出电源线、信号输入线等接线图,填入下表。

无刷电调的接线图	输入输出端口连接的部件

咨询材料

目前,出于成本和使用方便的考虑,微型民用无人机中普遍使用的是电动动力系统。电动动力系统主要由动力电源、动力电机、调速系统三部分组成,如图1.19所示。

图 1.19　多旋翼无人机动力系统组成

一、动力电池

1. 锂离子电池

动力电池主要为电动机的运转提供电能。通常采用化学电池作为电动无人机的动力电源。目前旋翼无人机电源系统多数使用锂离子动力电池和锂聚合物电池。

锂离子动力电池是20世纪70年代进入实用化的,具有以下优点:

①相对电压高:是镍镉电池、镍氢电池的3倍,更适合做动力电池。

②重量轻、体积小:重量是相同能量的铅酸电池的1/3～1/4。

③使用寿命长:循环使用次数可达1000～3000次,使用年限可达5～8年。

④工作温度范围宽:锂离子动力电池可在－40～＋55 ℃之间工作。

⑤无记忆效应:可以随时随地进行充电,电池充放电深度对电池的寿命影响不大。

⑥无污染:不存在有毒物质,因此被称为"绿色电池"。

但是,相同电压和容量的锂离子动力电池的价格是铅酸电池的3～4倍,其使用的液体或胶体电解液存在发生泄漏的安全隐患。

2. 锂聚合物电池

锂聚合物电池(LiPo,Lithium-Polymer Battery)的聚合物锂离子工艺中没有多余的电解液,因此更稳定,也不易因电池的过量充电、碰撞而造成危险。锂聚合物电池相比锂离子电池,改善了电池漏液问题,安全性更高。锂聚合物电池比同样大小的锂离子电池放电量能够高出10％。锂聚合物电池具有能量高、更小型化、超薄化、轻量化、高安全性等多种明显优势,是小微型无人机主要使用的电池,如图1.20所示。

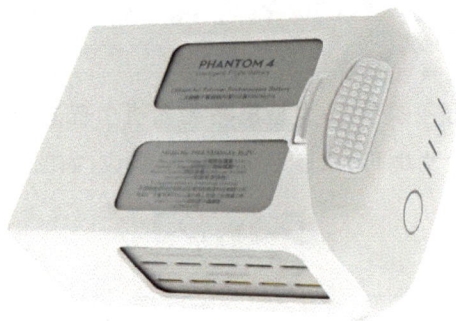

图 1.20　无人机电池

3. 电池性能标称

电压、容量、放电能力是无人机动力电池非常重要的性能参数。

电池的电压用伏特（V）来表示。标称电压只是厂家按照国家标准标示的电压。实际上，电池在使用过程中，其电压是不断变化的。锂聚合物电池的标称电压是 3.7 V，充电后满电电压可达 4.2 V，放电后的保护电压为 3.6 V。在实际使用过程中，电池的电压会产生压降，这和电池所带动的负载有关——电池所带的负载越大，电流越大，电池的电压就越小，在去掉负载后电池的电压还可恢复到额定值。

电池的容量是用毫安时（mA·h）来表示的，如 1000 mA·h 就是这个电池能保持 1000 mA（1 A）的电流放电 1 h。（电池的放电不是线性的，不能说这个电池以 500 mA 电流能维持 2 h。不过电池在小电流时的放电时间总是大于大电流时的放电时间，所以我们可以近似算出电池在其他电流情况下的放电时间。）一般，电池的体积越大，它储存的电量就越多，飞机的重量也会越大，所以选择合适的电池对飞行是很重要的。

电池的放电能力是以倍率（C）来表示的，它表述了按照电池的标称容量，最大可达到的放电电流。例如，一个 1000 mA·h、5C 的电池，最大放电电流可达 5 A。

无人机电池的性能参数如图 1.21 所示。

图 1.21　无人机电池的性能参数

锂聚合物电池放电曲线图如图 1.22 所示。

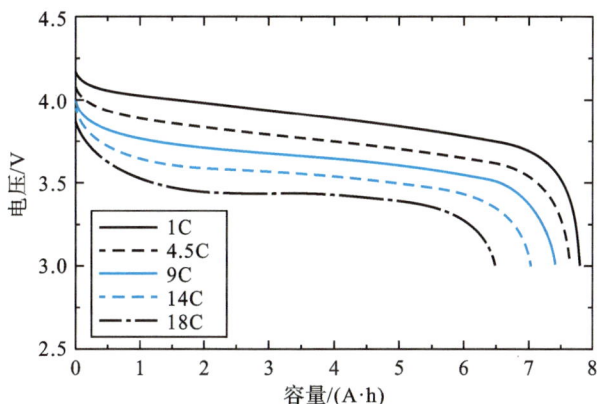

图 1.22　锂聚合物电池放电曲线图

由图 1.22 可知,锂电池的放电倍率越大,电池放电电压下降得越快;放电倍率越小,则反之。放电倍率越大,放出的电量越少。电压在低于 3.0 V 之后,电池电量迅速耗尽。

在实际使用中,4.2 V 的电压不够维持无人机运转,需要将多节锂电池串联起来提高电压。一般,串联用 S(Series)表示,并联用 P(Parallel)表示。如只有 1 节锂电池称为 1S 电池,由 n 节锂电池串联起来的电池为 nS。串联电池能够增加电压,如 3S 是单节电池的 3 倍电压,6S 是单节电池的 6 倍电压。并联电池能够增加电池容量,如 2P 是两节电池并联,其容量是单节电池的 2 倍。而 6S2P 电池则是 6 节串联后再 2 组并联,一共 12 节电池。动力电池的电压越高,驱动动力越强。多旋翼无人机上使用的通常是 3S、4S、6S 电池。无人机电池并联与串联示意图如图 1.23 所示。

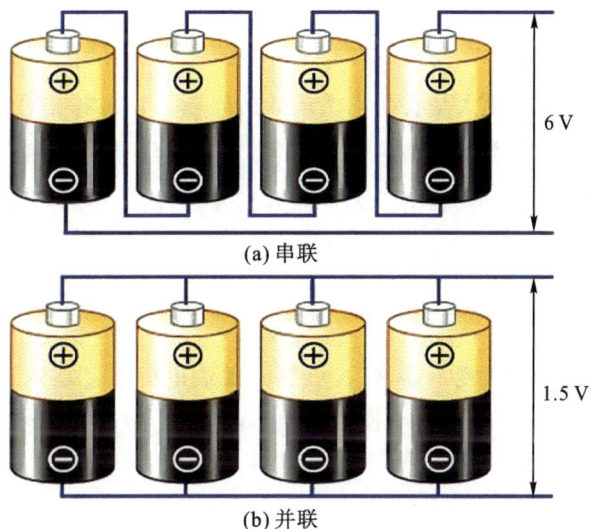

图 1.23　无人机电池串联与并联示意图

电池是多旋翼无人机的动力来源,电池的性能很大程度上决定了多旋翼无人机的飞行性能,也是当前多旋翼无人机发展的主要技术瓶颈。电池的重量在多旋翼无人机的全重中占有很大的比例。多旋翼无人机的电池容量大,重量就重;重量轻,则容量就小,目前这是一对尚待解决的矛盾。

二、动力电机

电动机用作无人机动力,具有其他动力装置无法比拟的优点,如结构简单、重量轻、使用方便,可使无人机的噪声和红外特征很小,同时又能提供与内燃机不相上下的比功率。尤其适合作为低空、低速、微型无人机的动力。

无人机常用动力电机可分有刷电机和无刷电机两种。

1. 有刷电机

有刷电机采用机械换向,磁极不动(定子),线圈旋转(转子)。电机工作时,线圈和换向器旋转,磁钢和碳刷不转,线圈电流方向的交替变化是由随电机转动的换相器和电刷来完成的,如图1.24所示。

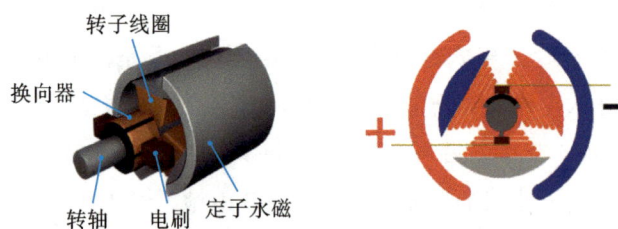

图1.24 有刷电机的结构

有刷电机优点是造价低、扭矩高、结构简单、容易维护。主要用于速度较慢或对震动不敏感的车模和船模上。摩擦大、损耗大是有刷电机最大的问题。有刷电机的可靠性差、故障多,在使用一段时间后,需要进行一次费时费力的清理工作,才能继续使用。而且由于有刷电机的结构导致电刷和换向器的接触电阻很大,电阻大了就容易发热,而过高的热量会导致电机性能下降,从而缩短使用寿命。

2. 无刷电机

无刷电机采取电子换向,线圈不动,磁极旋转。无刷电机通过霍尔元件感知永磁体磁极的位置,根据这种感知,使用电子线路适时切换线圈中电流的方向,保证产生正确方向的磁力来驱动电机,如图1.25所示。

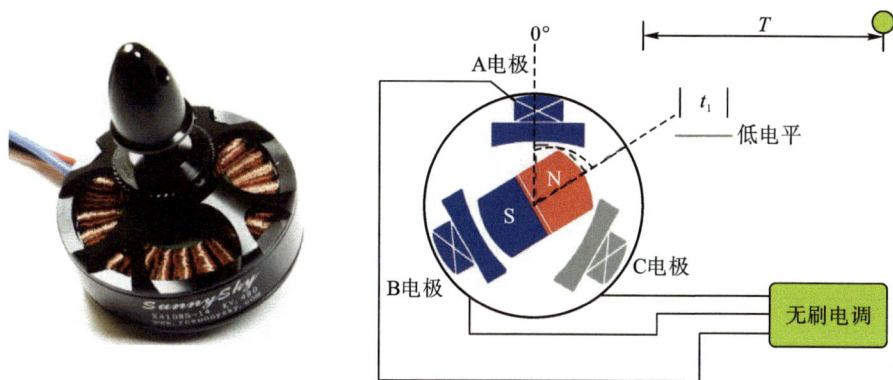

图 1.25　无刷电机

无刷电机的优点：

①无电刷、低干扰。无刷电机去除了电刷，最直接的变化就是没有了有刷电机运转时产生的电火花，这样就极大减少了电火花对遥控无线电设备的干扰。

②噪声低，运转顺畅。无刷电机没有了电刷，运转时摩擦力大大减小，运行顺畅，噪声会低许多，这个优点对于运行稳定性是一个巨大的支持。

③寿命长，低维护成本。少了电刷，无刷电机的磨损主要就是在轴承上。从机械角度看，无刷电机几乎是一种免维护的电动机，必要的时候，只需做一些除尘维护即可。

3. 电机的型号

电机的型号主要以尺寸为依据，比如 2212 电机、2018 电机，等等，其中前面 2 位是电机转子的直径，后面 2 位是电机转子的高度，如图 1.26 所示。

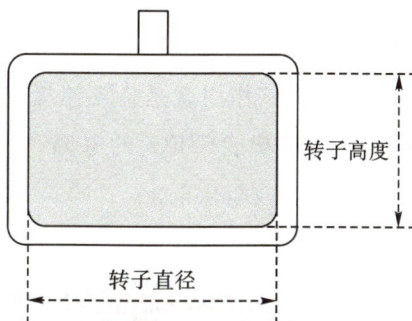

图 1.26　电机转子的直径与高度

4. 电机的转速

电机的转速一般用 KV 值来表示。KV 值是无人机动力电机一个重要的参数，指电机在空载状态下提高单位电压时所能提高的电机转速，或者可以简单理解为空载状态下电机转速和电压的比值。

电机的转速(空载)＝KV 值×电压

例如在 10 V 电压下电机的空载转速是 1000 r/min,那么电机的 KV 值就是 1000。2212-850KV电机在 10 V 电压下的转速就是 $850×10＝8500$ r/min。KV 值是电机综合性能的一个缩影,在电机上会作为基本参数标出,如图 1.27 所示。绕线匝数多的电机 KV 值低,最高输出电流小,但扭矩大;绕线匝数少的电机 KV 值高,最高输出电流大,但扭矩小。KV 值越小,电机在同等电压下的转速越低,扭矩越大,可带的桨越大;KV 值越大,电机在同等电压下的转速越高,扭矩越小,能带桨越小。相对而言,KV 值越小,电机效率越高。

图 1.27　动力电机上标识的 KV 值

三、电子调速器

动力电机的调速系统称为电调(电子调速器,electronic speed controller,ESC),如图 1.28 所示。电调是动力系统的重要组成部分,其作用就是将飞控板的控制信号转变为电流的大小,以控制电机的转速。同时,带有电源输出功能(BEC)的电调,还充当了电压变化器的作用,将 11.1 V 的电压转变为 5 V,为飞控板和接收机供电。

图 1.28　电子调速器

针对动力电机不同,电调可分为有刷电调和无刷电调。

1. 有刷电调

有刷电调是用来控制有刷电机转速的设备,如图 1.29 所示。有刷电调往往只有 4 根线,2 根是输入电源端,接到正负极,另外 2 根则是控制电机转速的输出端,接到电机的两个电极上。通过改变电流/电压以及传导方向就可以实现对转速以及正反的控制。

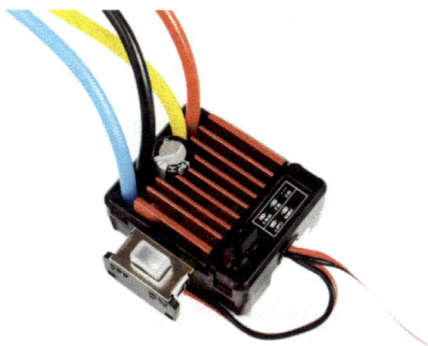

图 1.29　60A 防水型有刷电调

2. 无刷电调

无刷电调的输入端由电源线与插头共同构成,插头是连接飞行器与电池的连接件,而输入线则是可以通过较大电流的硅胶线,如图 1.30 所示。硅胶高温线具有优良的耐高、低温性能,具有优良的耐高压、耐酸碱性能,其内部由多根 0.08 mm 细铜丝组成,具有良好的过大电流能力。输出端的三根细线连接电机。

图 1.30　无刷电调

多旋翼无人机使用的无刷电机必须通过无刷电调的驱动才能运转。

无刷电调的标称通常是"品牌+输出能力",例如好盈 40 A。

无刷电调的参数如下:

①持续电流:电调可以持续工作的电流,超过该电流可能导致电调过热烧毁。例如,电调持续工作电流为 20 A,那该电调就必须工作在 20 A 以内。

②工作电压:电调正常工作的电压区间,例如某 40 A 电调使用电池为 2S～6S,则其工作电压区间为 7.4～22.2 V。电调的工作电压必须在指定范围内,否则将不能正常工作。

③电调信号的刷新频率：决定了电调的响应速度。电调信号刷新频率一般为 30～499 Hz，更高的信号频率可以使无人机响应速度更快。多旋翼无人飞行器宜选用高频率的电调。

四、螺旋桨

螺旋桨是靠桨叶在空气中旋转，将发动机转动功率转化为推进力的装置，是整个动力系统的最终执行部件。螺旋桨性能的优劣对无人机的飞行效率产生十分重要的影响，直接影响到无人机的续航时间。螺旋桨由叶根（桨根）、叶柄、桨毂、叶尖（桨尖）构成，其前缘较平直、后缘略有坡度，如图 1.31 所示。

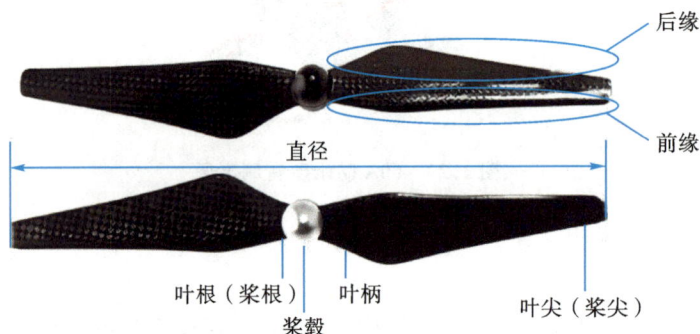

图 1.31　无人机螺旋桨

多旋翼无人机螺旋桨的标称由"品牌＋4 位规格数字"构成。4 位规格数字中的前 2 位数表示直径，后 2 位表示螺距。

直径就是桨的长度，是螺旋桨的两个桨尖之间的距离，单位为英寸（1 英寸＝2.54 cm），如图 1.32(a)所示。

螺距是螺旋桨（桨叶剖面迎角为 0 时）旋转 1 周在轴向移动的距离。因为桨叶不是直的，所以各个点移动的距离不等，通常取 3/4 直径处的距离作为螺距，如图 1.32(b)所示。螺距的单位是 0.1 英寸。一般来说，同一转速的螺旋桨，螺距越大，飞行速度越快。

如 1060 螺旋桨，10 表示桨的直径是 10 英寸（25.4 cm），60 表示螺距为 6.0 英寸（152.4 mm）。又如 DJI1555 螺旋桨，直径是 15 英寸（38.1 cm），螺距为 5.5 英寸（139.7 mm）。

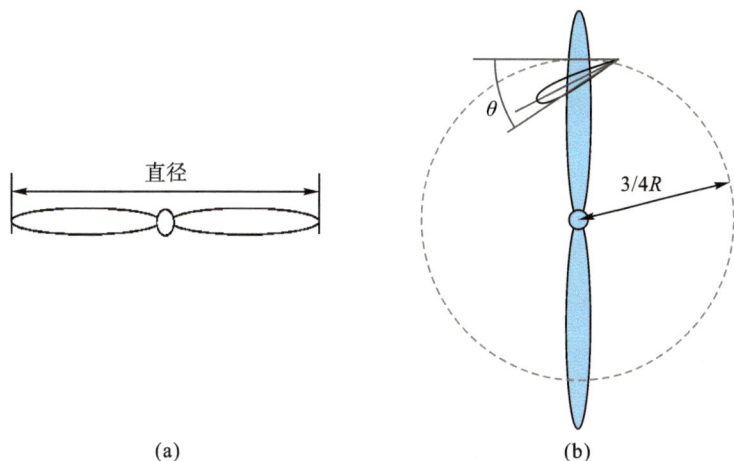

图 1.32 无人机两叶桨的直径与螺距

有几个桨叶，螺旋桨就是几叶桨。无人机常用的是两叶桨。

桨毂是各个桨叶安装结合的部位，位于螺旋桨末端，多为圆锥或圆形。

制作螺旋桨的材质有塑料、木材、碳纤维等，如图 1.33 所示。无人机螺旋桨要求材料具有高强度、高韧性、高流动性，可采用合金、复合材料或者高性能的工程塑料。碳纤维又轻又硬，振动和噪声很小，是制作多旋翼无人机螺旋桨最好的材料，但是其成本高，且非常脆，容易断裂。

图 1.33 无人机螺旋桨的材质

从多旋翼无人机螺旋桨的旋转方向来看，逆时针旋转产生拉力的为正桨，顺时针旋转产生拉力的为反桨，如图 1.34 所示。一般可以通过桨叶上刻印的字母来判断正反桨：如 MR 和 MRP，多个字母 P 的是反桨；CCW 是正桨，CW 是反桨，如图 1.35 所示。正桨和反桨不可混用，一旦安装错误，将会导致无人机无法正常飞行。

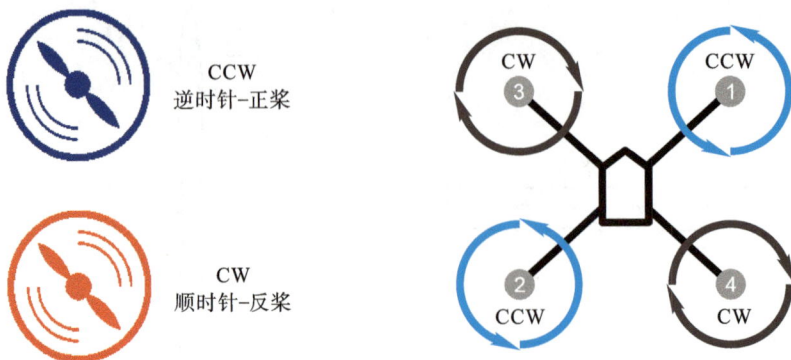

图1.34　无人机螺旋桨的旋转方向

图1.35　正桨与反桨标识

除了材料和正反外,桨叶的选择也与机架相关,一般选择与机架同尺寸的桨叶。

对于无人机螺旋桨与电机的搭配,电机 KV 值越小,同等电压下转速越低,扭矩越大,可搭配越大的螺旋桨;电机的 KV 值越大,同等电压下转速越高,扭矩越小,只能搭配越小的螺旋桨。

五、用万用表检测电池电压

用万用表检测电池电压的步骤如表1.2所示。

表1.2　用万用表检测电池电压

操作步骤	操作说明	示意图
1	用万用表检测锂电池总电压时,万用表红表笔接电池供电接头的正极,黑表笔接负极;或者直接检测电池的平衡头,红表笔接平衡头的第一个插针,黑表笔接最后一个插针,即可检测锂电池总电压	

操作步骤	操作说明	示意图
2	单片锂电池电压检测(3S)： 检测第一片电池电压时，万用表红表笔接电池平衡头的第一个插针，黑表笔接第二个插针； 检测第二片电池电压时，万用表红表笔接电池平衡头的第二个插针，黑表笔接第三个插针； 检测第三片电池电压时，万用表红表笔接电池平衡头的第三个插针；黑表笔接最后一个插针	

六、无人机电调校准

首次使用电调或者更换遥控器时，需要重新设置电调油门行程，否则可能会导致油门摇杆最低时电机还在转，或者油门摇杆没推到最高电机已达最大转速。不同厂家的电调油门行程校准方法不一样，大致步骤如图1.36所示。

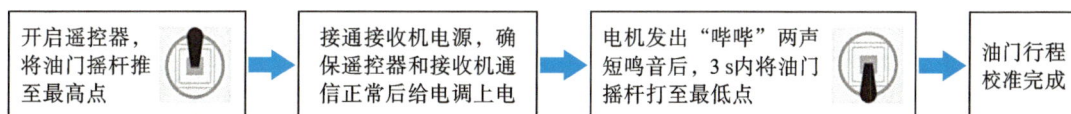

图1.36　电调油门校准

第一步，打开遥控器，将油门摇杆推到最高点。

第二步，电调线插入接收机的第三通道CH3，另一端连接电机。连接的线序只改变电机的转向，当调换任意两根线时，电机的旋转方向变为相反方向。

第三步，给电调上电，听到"哔哔"的声音后，将油门摇杆打到最低，又听到"哔"的一声确认后，拔下电池。

第四步，重新接上电池，听到"哔—哔—哔—哔—哔—"声音后，表示校准成功，此时推动油门，电机会旋转。

按以上步骤依次校准四个电调。

七、无刷电机的安装

无刷电机的安装如表1.3所示。

表 1.3　无刷电机的安装

安装步骤	操作描述	示意图
1	X形四旋翼无人机的APM飞控对电机位置的布置要求：以机头正前方为正上方，右上电机为1号，左下电机为2号，左上电机为3号，右下电机为4号。1号和2号电机应为逆时针旋转（CCW），3号和4号电机为顺时针旋转（CW）	
2	使用的16颗内六角螺丝（型号为M3×8，直径3 mm，长度8 mm），将4颗螺丝插入电机孔位中，将管夹插入至长螺丝中，把电机座插入管夹下方，用螺母固定紧	
3	电机旋转的方向应与子弹头拧紧的方向相反，并搭配对应电机旋转方向的桨叶，如果在测试过程中发现电机旋转的方向不对，可通过调换与电调三根接线中的任意两根来改变其旋转方向	

任务评价

评价模块	评价内容	得分
知识模块（30%）	复述无人机锂聚合物电池的优点及放电规律（9分）	
	复述无人机动力电机的类型、特点及标称方法（12分）	
	熟知无人机电子调速器的类型与特性（9分）	
技能模块（50%）	会计算动力电池各种性能参数（10分）	
	正确使用万用表检测电池电压（10分）	
	正确理解无人机锂聚合物电池的放电曲线图（10分）	
	正确连接无人机电子调速器端口，电调校准正确（10分）	
	正确辨别螺旋桨的旋转方向，安装方向正确（10分）	
素养模块（20%）	任务实施操作规范，安全意识强（8分）	
	按规范使用工具、保证用电安全（5分）	
	按流程进行各项任务实施（7分）	
总分		

▶ **任务四　遥控器与接收机对频**

学习目标

一、知识目标

（1）了解接收机的信号传输模式。

（2）理解遥控器的基本原理。

（3）掌握遥控器的操作模式。

（4）熟悉遥控器与接收机的对频步骤。

（5）熟悉实现无人机基本动作的遥控器控制方式。

二、能力目标

（1）能够根据接收机信号传输方式，选择正确的模式。

（2）能够操控不同模式的遥控器。

（3）能够在遥控器上建立新模型。

（4）能够正确设置遥控器通道。

（5）能够正确对频常用型号的遥控器与接收机。

三、素质目标

（1）通过认真细致的遥控器对频操作，培养诚信敬业、科学严谨的工作态度。

（2）依照规范步骤操作，培养和形成自觉遵守操作规范、安全实践的良好习惯。

任务分析

　　遥控器是一种用来远距离操控机械的装置，是多旋翼无人机的必备设备。为熟练使用多旋翼无人机遥控器，需要了解遥控器的基本原理、操作手法，以及各类遥控器的对频操作。遥控指令通过杆、开关和按钮，经过内部电路的调制、编码，再通过高频信号放大电路由天线以电磁波的形式发射出去。安装在无人机上的接收机接收电磁波，将收到的信号进行放大、整形、解码，转为数字信号发送到无人机的控制器中。接收机和遥控器一般是成套使用。

任务步骤

　　①完成工作任务单。

　　②完成对 PWM、PPM、S.BUS 等接收机信号传输模式的学习，完成学习笔记的记录。

　　③正确操作美国手和日本手遥控器。

　　④在遥控器上设置新模型及四个基本通道。

　　⑤能够对富斯 FLYSKY 遥控器、大疆 MG–1P 遥控器、FUTABA T14SG 遥控器进行正确对频，并完成工作实施单。

工作任务单

班级：＿＿＿＿＿＿＿＿　　　　　　　　姓名：＿＿＿＿＿＿＿＿

学习咨询材料,回答以下问题:

(1)常用的接收机有哪几种信号传输模式?

(2)美国手遥控器和日本手遥控器有哪些操控方式?

(3)PWM、PPM、S.BUS等接收机信号传输模式各有哪些特点?哪些常用接收机属于这些类型?填写下表。

接收机模式	特点	常用设备型号
PWM 模式		
PPM 模式		
S.BUS 模式		

学习笔记

班级：_____　　　　姓名：_____

主题	
内容	问题与重点
总结	

工作实施单

班级：＿＿＿＿＿＿＿＿　　　　姓名：＿＿＿＿＿＿＿

完成 FLYSKY 遥控器、大疆 MG－1P 遥控器、FUTABA T14SG 遥控器与接收机的对频操作，并填写下表。

序号	遥控器名称	对频要点	接收机类型

提升训练单

班级：＿＿＿＿＿＿＿＿　　　　姓名：＿＿＿＿＿＿＿

使用 FUTABA T14SG 遥控器，完成设置模型、设置通道操作，并填写下表。

序号	设置模型步骤	通道类型	设置通道步骤

咨询材料

一、接收机模式

PWM、PPM、S.BUS 都是接收机与其他设备通信的协议。（注意：不要和遥控器与接收机之间的协议混淆。遥控器和接收机之间会采用某种协议来互相沟通，这些协议往往各个厂牌各自有一套且互不兼容。这里讨论的就是接收机输出的信号。）

1. PWM

PWM（pulse width modulation，脉宽调制）是一种通用的工业信号，也是最常见的控制信号。该信号通过周期性跳变的高低电平组成方波，来进行连续数据的输出，如图 1.37 所示。

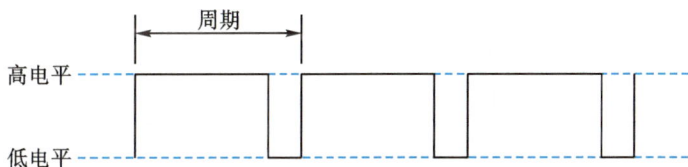

图 1.37　PWM 示意图

由于传输过程全部使用满电压传输，非 0 即 1，很像数字信号，所以 PWM 拥有类似数字信号的抗干扰能力。脉宽的调节是连续的，使得它能够传输模拟信号。PWM 信号的发生和采集都非常简单，现在的数字电路多使用计数的方法产生和采集 PWM 信号。信号值与电压无关，这在电压不恒定的条件下非常有用，如电池电压会随消耗而降低、AC/DC 都会存在纹波等，这些因素不会干扰信号的传输。PWM 相对于 PPM 等协议最大的不同在于它的每条物理连线里只传输 1 路信号。换句话说，需要传输几个通道就需要几组物理连线。

2. PPM（CPPM）

因为 PWM 每路只能传输一路信号，在分别直接驱动不同设备时没问题。但有些场合下，并不需要直接驱动设备，而是需要先集中获取接收机多个通道的值，再做其他用途时，如将两个遥控器之间连接起来的教练模式，要将接收机的信号传输给飞控时，每个通道一组物理连线的方式就显得非常烦琐，故而使用 PPM（pulse position modulation，脉位调制）。PPM 简单地将多个通道的数值一个接一个合并入一个通道，用两个高电平之间的宽度来表示一个通道的值，如图 1.38 所示。

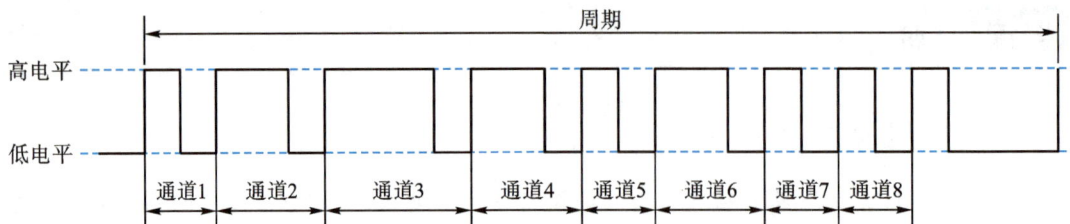

图 1.38　PPM 示意图

因为每一帧信号的尾部必须加入一个足够长的空白(显著超过一个正常 PWM 信号的宽度)来分隔前后两个信号,所以 PPM 每一帧能传输的信号通道最多只能到 8 个。PPM 是一个通行标准,绝大多数厂牌的遥控/接收都是支持的。

3. S. BUS（S - BUS/SBUS）

S. BUS(serial bus,串行通信协议)是全数字化接口总线,数字化是指该协议使用现有数字通信接口作为通信的硬件协议,而且使用专用的软件协议,这使得该设备非常适合在单片机系统中使用,也就是适合与飞控连接。总线是指它可以连接多个设备,这些设备通过一个 Hub 与总线相连,得到各自的控制信息。

S. BUS 使用 RS232C 串口的硬件协议作为自己的硬件运行基础,使用 TTL 电平,即 3.3 V;使用负逻辑,即低电平为"1",高电平为"0"。波特率为 100 000(100 k),不兼容波特率 115 200。

二、遥控器的基本原理

遥控器主要用于驾驶员视距内对无人机的手控操纵,也有人称其为 RC(radio control,无线电控制),是目前大多数多旋翼无人机必备的一条数据链系统。想达到遥控器与无人机通信的功能,需要由两部分配合完成,即发射器与接收机。遥控发射机就是俗称的遥控器,行业里也叫"控",如图 1.39 和图 1.40 所示。

天线

电源指示灯

RF指示灯

蜂鸣器

K1 K2 V1

K3 K4

升降舵微调

升降/方向摇杆

油门微调

副翼/油门摇杆

电源开关

吊环

方向舵微调

副翼微调

菜单键

左方向键

退出键

上方向键

增加键

右方向键

减少键

下方向键

显示屏

确认键

(a)

把手

教练/模拟口

电池仓盖

(b)

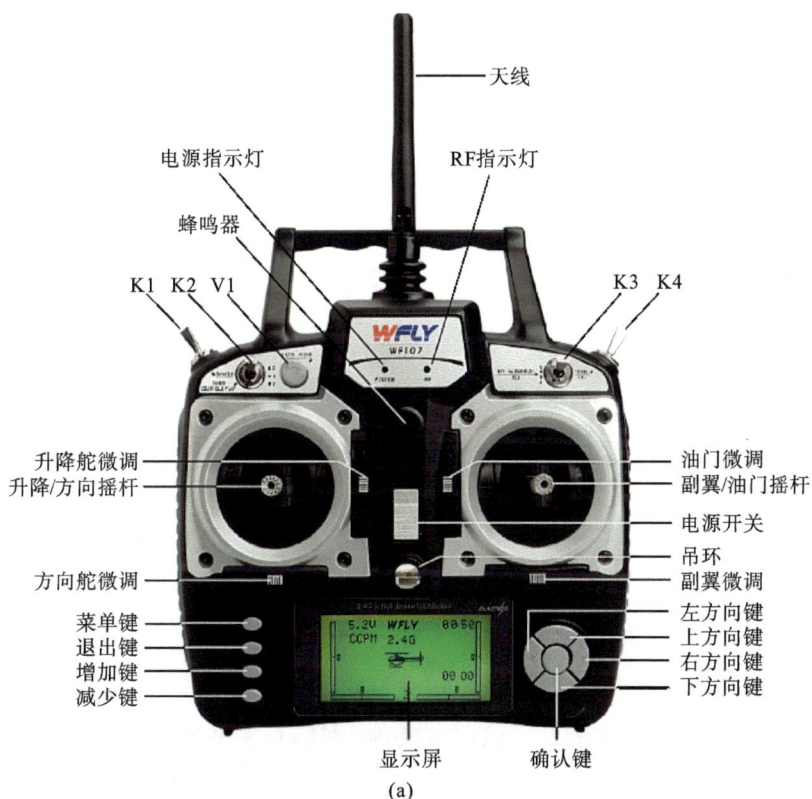

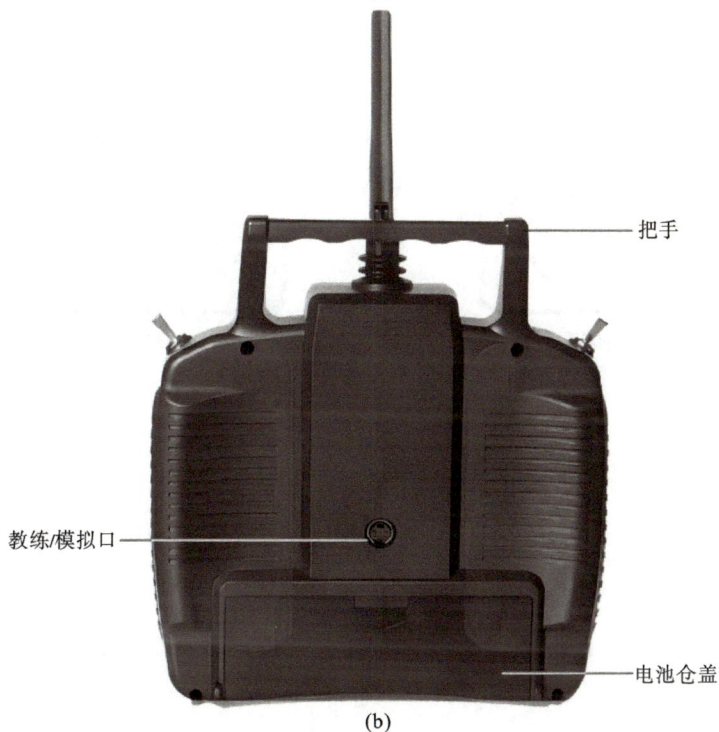

图 1. 39　天地飞遥控器

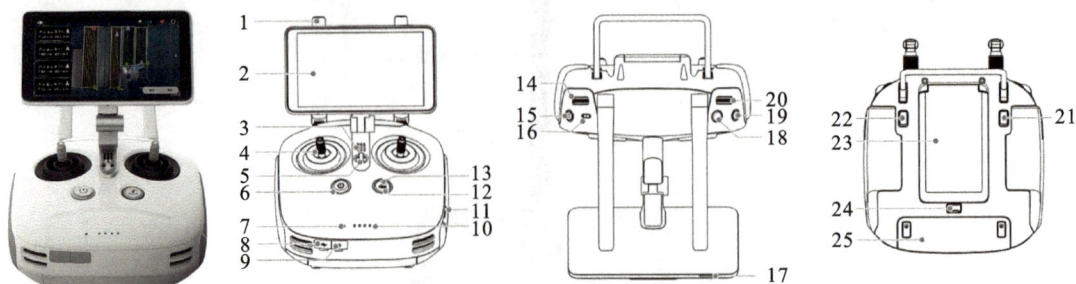

1—天线；2—显示设备；3—扬声器；4—摇杆；5—吊带挂钩；6—电源按键；7—遥控器状态指示灯；

8—USB-C接口；9—音频接口；10—遥控器电量指示灯；11—SD卡槽；12—返航提示灯；13—返航按键；

14—流量调节拨轮；15—喷洒按键；16—急停开关；17—屏幕开关；18—A键；19—B键；

20—多机控制切换转盘；21—C1键；22—C2键；23—电池仓盖；24—电池仓盖锁扣；25—上网卡仓盖。

图1.40 大疆 MG-1P 遥控器

三、遥控器的控制方式

常用的遥控器控制方式有美国手和日本手：美国手遥控器的左边摇杆上下控制油门、左右控制方向舵，右边摇杆的上下控制升降舵、左右控制副翼；日本手遥控器的左边摇杆上下控制升降舵、左右控制方向舵，右边摇杆的上下控制油门，左右控制为副翼，如图1.41所示。

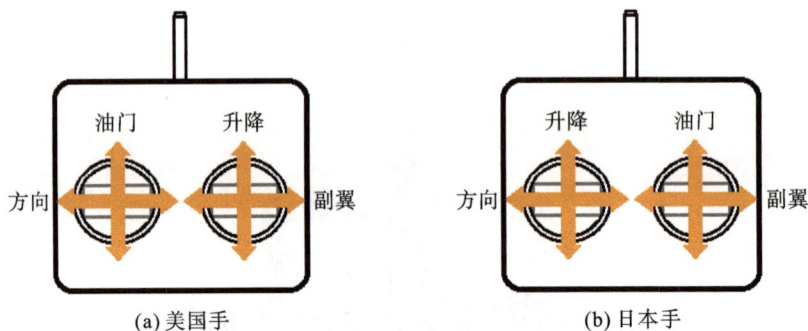

(a) 美国手　　　　　　　　　　　　(b) 日本手

图1.41 遥控器模式

美国手遥控器的控制方式：左摇杆控制飞行高度与旋转方向，右摇杆控制飞行器的前进、后退及左右飞行方向，如图1.42所示。

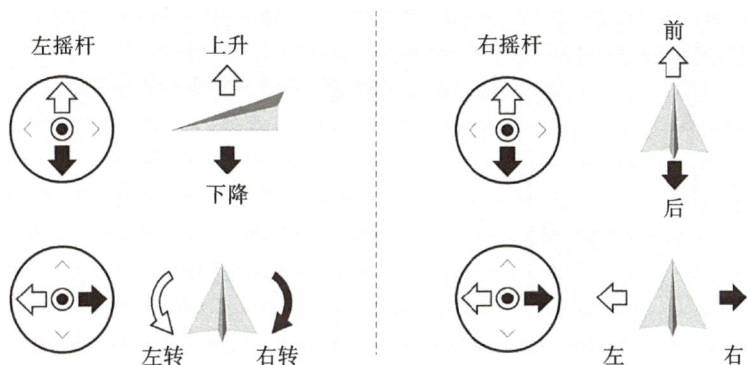

图 1.42　美国手操作

日本手遥控器的控制方式：左摇杆控制飞行器的前进、后退及旋转方向，右摇杆控制飞行器的飞行高度及左右飞行方向，如图 1.43 所示。

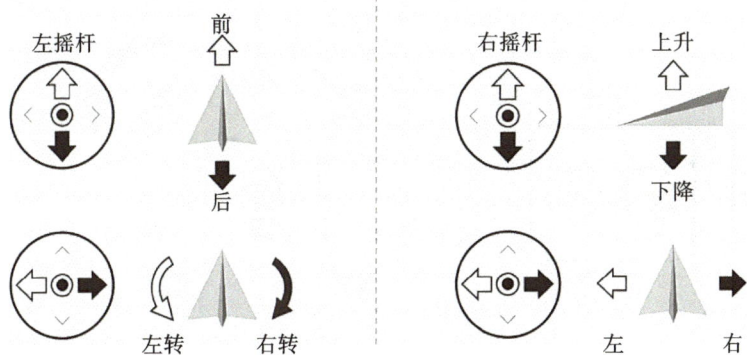

图 1.43　日本手操作

两种控制方式的对比如表 1.4 所示。

表 1.4　美国手和日本手控制方式的对比

遥控器	飞行器(⬅为机头朝向)	控制方式
日本手　　美国手		油门杆控制飞行器升高和降低

续表

遥控器	飞行器(⬅ 为机头朝向)	控制方式
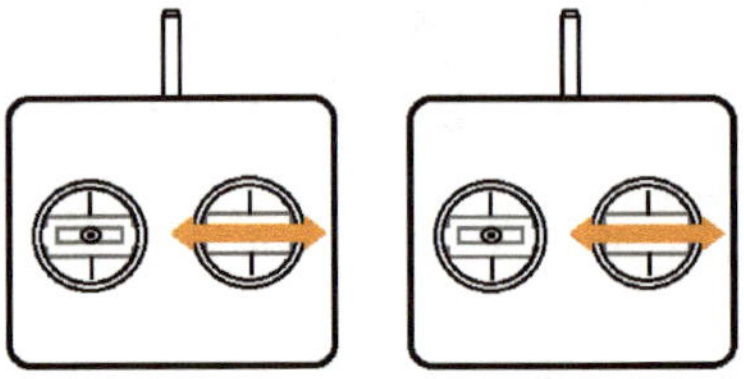 日本手　　　美国手	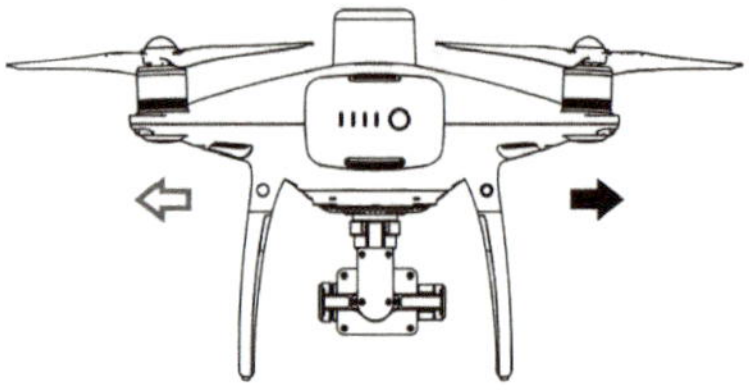	副翼也叫横滚杆,控制飞行器左右倾斜飞行
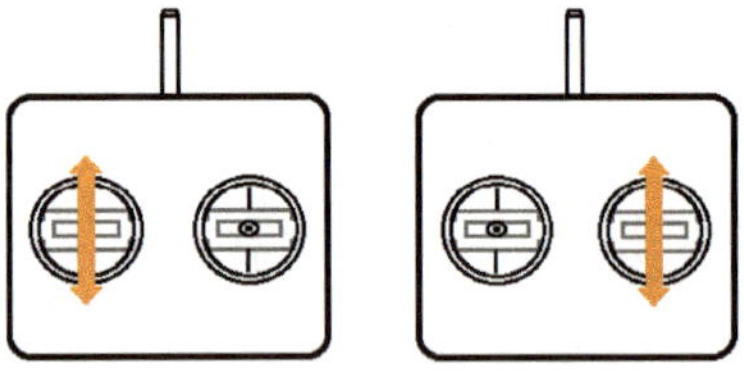 日本手　　　美国手	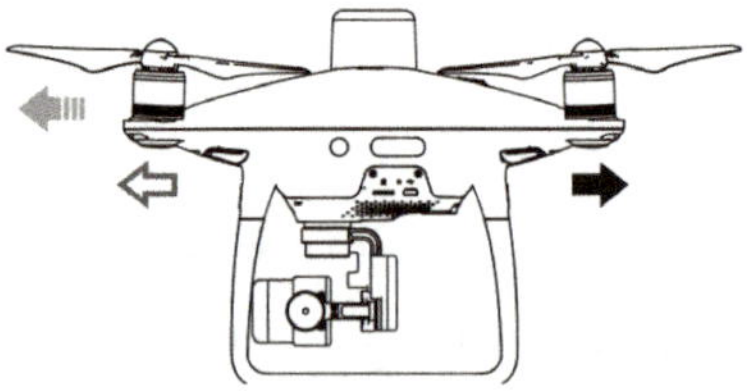	升降舵用于控制飞行器前后飞行
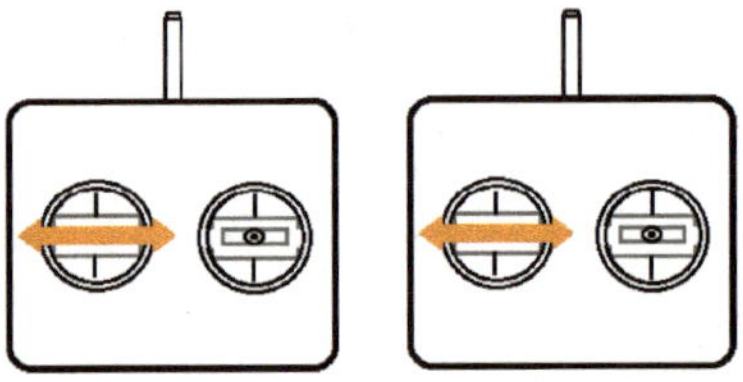 日本手　　　美国手		方向舵用于控制飞行器的航向

四、遥控器对频

富斯 FLYSKY 遥控器对频如表 1.5 所示。

表 1.5　富斯 FLYSKY 遥控器对频

操作步骤	操作说明	示意图
1	将对码线连接到 FS-iA6 接收机上的 B/VCC 接口	

操作步骤	操作说明	示意图
2	将电源线连接到接收机接口上	
3	打开发射机电源，同时长按发射机"BIND KEY"键，进入对码状态。如果对码成功则发射机自动退出对码界面	
4	对码成功后，将对码线和电源从接收机上断开，然后重新将电源线连接到 B/VCC 接口	

大疆 MG‐1P 遥控器对频如表 1.6 所示。

表 1.6　大疆 MG‐1P 遥控器对频

操作步骤	操作说明	示意图
1	开启遥控器,确保显示设备已经运行 APP,然后连接飞行器电源	
2	点击【执行作业】进入作业界面,点击【更多】中的遥控器图标。首先选择对频设备为【飞行器】,然后点击【单机对频】,最后点击【开始对频】。APP 显示对话框,遥控器状态指示灯蓝灯闪烁,并且发出"嘀嘀"提示音,表示进入对频状态	
3	使用合适的工具按下【对频】按键,松开按键并等待数秒	
4	对频成功,遥控器指示灯及飞行器对频指示灯均为绿灯常亮	

Futaba T14SG 遥控器对频如表 1.7 所示。

表 1.7　Futaba T14SG 遥控器对频

操作步骤	操作说明	示意图
1	打开遥控器电源,同时为接收机接通电源。由于目前遥控器和接收机还不是一对,接收机接收不到正确信号,其指示灯会呈现红灯慢闪状态	
2	接收机断电,将遥控器调到【LINK】模式,点击【菜单】后听到"嘀嘀嘀"响声,遥控器进入对频状态	
3	接收机通电,接收机将收到遥控器发射过来的信号,接收机指示灯由红灯慢闪变为绿灯常亮状态	
4	关掉遥控器,检查接收机指示灯是否变为黄灯。再打开遥控器,若接收机绿灯常亮,则对频成功。对频成功后,遥控器菜单界面恢复到初始界面	

任务 评价

评价模块	评价内容	得分
知识模块 （30%）	复述 PWM 和 PPM 信号的特点（10 分）	
	复述遥控器常用操控模式的操作手法（10 分）	
	熟知遥控器的工作原理（10 分）	
技能模块 （50%）	会检查飞控板与接收机连接线路连接（10 分）	
	正确对频富斯 FLYSKY 遥控器与接收机（15 分）	
	正确对频大疆 MG-1P 遥控器与接收机（10 分）	
	正确对频 Futaba T14SG 遥控器与接收机（15 分）	
素养模块 （20%）	正确使用工具，遥控器对频注意安全（8 分）	
	使用完工具归位，实训室卫生环境保持良好（7 分）	
	按流程进行各项任务实施（5 分）	
总分		

扩展 阅读

中国民用无人机产业发展趋势

中国民用无人机整体竞争力不断增强。目前，中国民用无人机整体竞争力集中体现在产业规模和应用场景两方面。在产业规模方面，近年来，中国民用无人机产业规模不断壮大，2021 年的产业规模达到 652.1 亿元，产值占全球比重超 80%，在全球处于领先水平。同时，中国凭借产品多样性、设计先进性成为全球民用无人机的主要生产制造国家。在应用场景方面，中国无人机市场广阔，消费级无人机主要应用于航拍、跟拍等娱乐场景，工业级无人机在物流配送、能源巡检、农林植保、安防监控、应急保障等场景中的应用深度和广度不断提升。

近年来，随着航空相关领域技术的不断进步，中国民用无人机的开发应用在逐渐扩大。未来，中国民用无人机产业发展将聚焦于信息安全、动力系统和场景应用三方面。

无人机系统信息安全将成为用户关注的新性能。无人机系统信息安全是指针对无人机搭载的信息系统所建立的安全保护，主要包括保护系统硬件、软件以及通信过程中的数据准确性、完整性和保密性。近年来，无人机遭遇恶意干扰导致的信息传输中断情况频发，相关数据和信息的安全性变得极为重要。未来，随着无人机在各类专业场景的深入应用，无人机在工作运行当中将愈发频繁地参与到用户的生产经营活动中，其信息安全水平将引起用户越来越多的重视。

随着新一代信息技术与无人机深度融合，无人机或将从数据采集端转变为数据"采集＋处理"载体，这一改变或将要求动力系统具备更大任务载荷搭载能力和更丰富的电能供应能力。

资料来源：学习强国

微型实训多旋翼无人机组装与调试

项目 描述

　　微型实训多旋翼无人机是微机电系统集成的产物，以其能够垂直起降、自由悬停、控制灵活等优点成为无人机新手的入门首选。与固定翼飞机相比，微型旋翼无人机具有显著优势，特别是在需要保持飞机悬停时或在严格受限的环境中操纵的能力。微型实训多旋翼无人机系统由机身主体、动力系统、导航飞控系统和地面遥控系统等组成，非常适合于无人机组装与调试的入门级训练。

　　本项目以微型实训多旋翼无人机为载体，设置了认识微型实训多旋翼无人机、微型实训多旋翼无人机组装、微型实训多旋翼无人机调试等任务。使学生熟悉微型实训多旋翼无人机的主要配件及组装流程，能够独立完成微型实训多旋翼无人机的组装与调试操作。

项目 导图

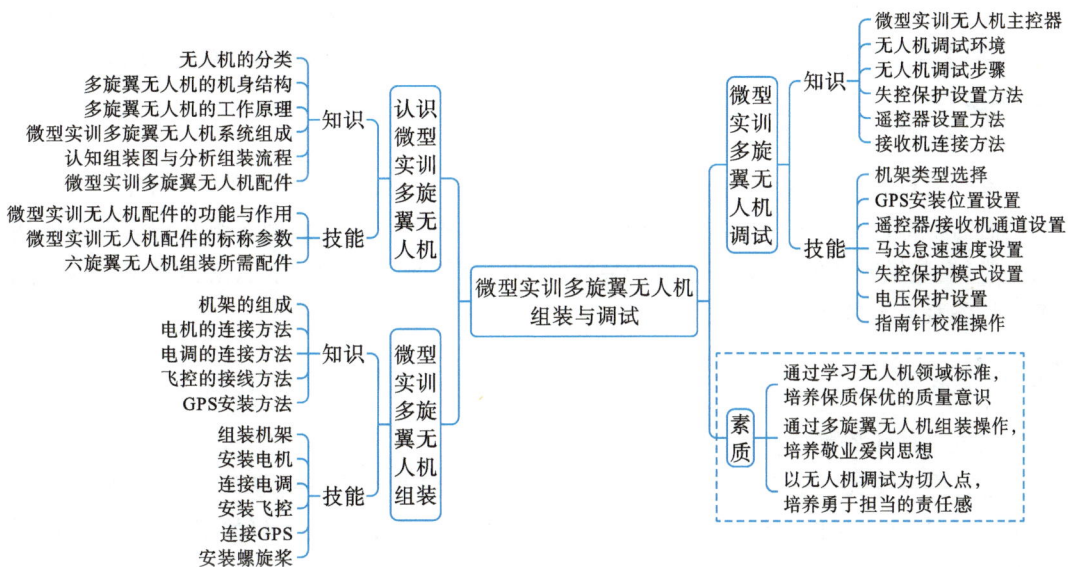

任务一 认识微型实训多旋翼无人机

学习目标

一、知识目标

（1）了解多旋翼无人驾驶航空器系统的部件组成。

（2）了解多旋翼无人机的结构组成与飞行原理。

（3）熟悉要组装的微型实训多旋翼无人机系统组成。

（4）熟悉多旋翼无人机的组装工艺图。

（5）能够正确把握多旋翼无人机的组装顺序和流程。

二、能力目标

（1）能够正确选择要组装的无人机工件与工具设备。

（2）能够按照要求正确列出待组装多旋翼无人机配件清单。

（3）能绘制微型实训多旋翼无人机的组装流程。

（4）能按要求准备微型实训多旋翼无人机的机身主体配件和动力设备。

（5）能按要求准备微型实训多旋翼无人机的导航飞控系统和地面遥控系统。

三、素质目标

（1）在微型实训多旋翼无人机系统组成认识过程中，提升自信心和专业认同感。

（2）通过微型实训多旋翼无人机组装流程的学习，培养规范操作、保质保优的质量意识。

（3）通过微型实训多旋翼无人机配件清点过程，培养认真负责、科学严谨和精益求精的工作态度。

任务分析

准备无人机组装用的工具是组装工作的第一步；然后准备无人机配件，根据配件清单检查组装所需的零部件是否齐全。再检查相关的产品说明书、图样，仔细阅读组装用零部件的用户使用手册、安装说明及图样，详细了解安装流程和注意事项，为安装机架、动力系统、飞控、遥控装置及任务载荷等做准备。

任务步骤

①完成工作任务单。

②进行多旋翼无人机系统部件组成、多旋翼无人机结构与原理的学习，了解多旋翼无人机的分类、多旋翼无人机的类型、多旋翼无人机的气动布局、多旋翼无人机的机身结构、四旋翼飞行控制，完成学习笔记的记录。

③准备和认识微型实训多旋翼无人机系统组成、多旋翼无人机的组装工艺图、无人机组装工具。

④认真分析微型实训多旋翼无人机的组装流程，准备和清点待组装微型实训多旋翼无人机配件。

⑤正确填写待组装微型四旋翼无人机部件的标称或参数，完成工作实施单。

工作任务单

班级：_____　　　　　　姓名：_____

学习咨询材料，回答以下问题：

（1）多旋翼无人驾驶航空器系统的部件组成有哪些？

（2）无人机机身结构包括哪些？用什么参数表示机架大小？

（3）根据多旋翼无人机组装图，写出微型实训多旋翼无人机的组装顺序。

（4）列出待组装的微型实训四旋翼无人机的配件名称及其作用，填写下表。

无人机配件类型	包含的配件名称	作用
机架配件		
动力组配件		
飞行控制组配件		

学习 笔记

班级：_____　　姓名：_____

主题	
内容	问题与重点
总结	

工作 实施单

班级：_____　　　　　　姓名：_____

待组装的微型四旋翼无人机系统由哪些部件组成？写出部件的名称及参数，填入下表。

动力组配件	名称、型号与规格	飞行控制组配件	名称、型号与规格

提升 训练单

班级：_____　　　　　　姓名：_____

在以上学习基础上，写出实训六旋翼无人机组装所需准备的实验设备与器材。

序号	名称	型号与规格	数量	备注

咨询材料

一、无人机的分类

无人驾驶航空器(unmanned aircraft，UA)也称遥控驾驶航空器(remotely piloted aircraft，RPA)，是由遥控站管理、不搭载操作人员，并可携带各类有效载荷的有动力空中飞行器。飞行器采用空气动力提供升力，能够自主飞行或由远程引导。

无人机系统也称无人驾驶航空器系统，是指由一架无人机、相关的遥控站、所需的指令与控制数据链路，以及所批准型号设计规定的任何其他部件组成的系统。无人机要完成任务，除了需要无人机及其任务设备外，还需要地面站设备、数据通信设备及操控人员的指挥控制操作。无人机可按飞行平台构型、用途、尺度、活动半径、任务高度等方法进行分类。

1. 按飞行平台构型分类

根据飞行平台构型不同，无人机可分为固定翼、旋翼、伞翼、扑翼无人机，以及无人飞艇等，无人机飞行平台构型如图 2.1 所示。

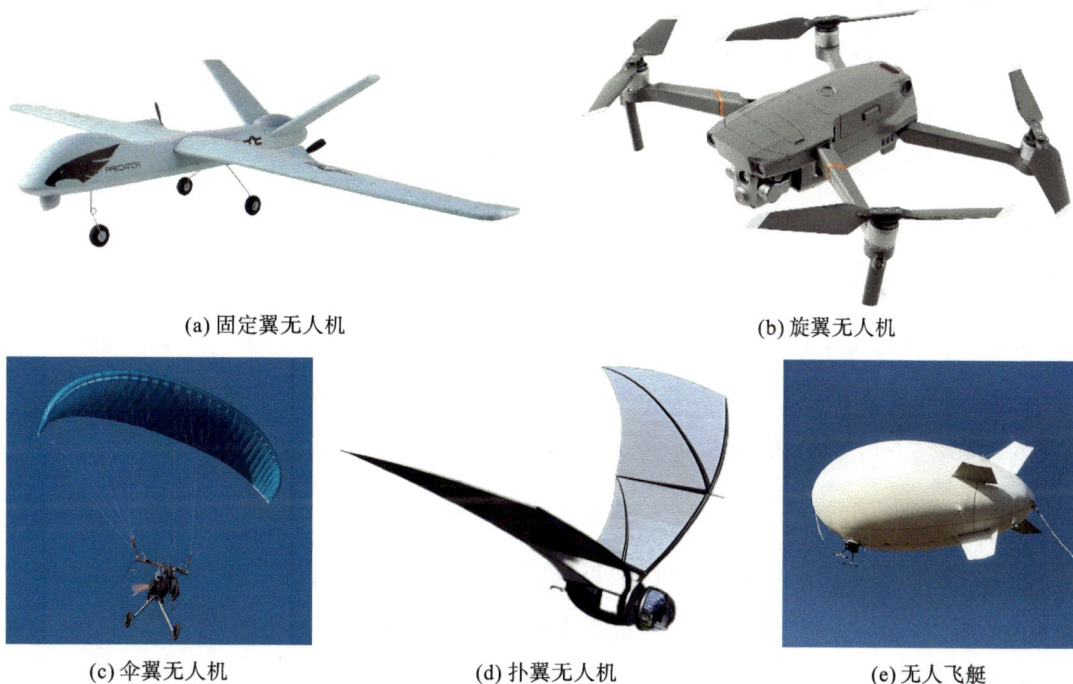

(a) 固定翼无人机　　　　　　　　　　　(b) 旋翼无人机

(c) 伞翼无人机　　　　(d) 扑翼无人机　　　　(e) 无人飞艇

图 2.1　无人机飞行平台构型

固定翼无人机由动力装置产生前进的推力或拉力，由机身的固定机翼产生升力，具有续航时间长、飞行效率高、载荷大等特点，已被广泛应用在测绘、地质、石油、农林等行业。

旋翼无人机由一个或多个旋翼与空气进行相对运动的反作用获得升力。旋翼无人机包括无人直升机(见图2.2)和多旋翼无人机等。旋翼直升机结构复杂,零部件较多,具备垂直起降功能,具有载荷大、动力效率高等特点。多旋翼无人机具有三个及以上旋翼轴,通过每个轴上的电动机转动,带动旋翼旋转产生升力。通过改变不同旋翼之间的相对转速,可以改变单轴推进力的大小,从而控制飞行器的运行轨迹。

图2.2　植保无人直升机

2. 按用途分类

无人机按用途可分为军用无人机和民用无人机。军用无人机可分为侦察无人机、诱饵无人机、电子对抗无人机、通信中继无人机、无人战斗机和靶机等。民用无人机可分为巡查/监视无人机、农用无人机、气象无人机、勘探无人机和测绘无人机等。

3. 按尺度分类

无人机按尺度可分为微型、轻型、小型和大型无人机。微型无人机是指空机质量 $m_空 \leqslant 7$ kg 的无人机。轻型无人机是 7 kg $< m_空 \leqslant 16$ kg,且全功率平飞中校正空速 $v_校 < 100$ km/h、升限 $h_{lim} < 3000$ m 的无人机。小型无人机是 $m_空 \leqslant 5700$ kg 的无人机(微型和轻型无人机除外)。大型无人机是 $m_空 > 5700$ kg 的无人机。

4. 按活动半径分类

无人机按活动半径 r 可分为超近程、近程、短程、中程和远程无人机。超近程无人机 $r \leqslant 15$ km,近程无人机 15 km $< r \leqslant 50$ km,短程无人机 50 km $< r \leqslant 200$ km,中程无人机 200 km $< r \leqslant 800$ km,远程无人机 $r > 800$ km。

5. 按任务高度分类

无人机按任务高度 h 可分为超低空、低空、中空、高空和超高空无人机。超低空无人机 $h \leqslant 100$ m,低空无人机 100 m $< h \leqslant 1000$ m 之间,中空无人机 1000 m $< h \leqslant 7000$ m,高空无人机

7000 m＜h≤18 000 m,超高空无人机 h＞18 000 m。

6.按动力来源分类

无人机按照发动机类型可分为电动机与油动机等。目前在我国市场上,农业无人机以电动为主。

二、多旋翼无人机

1.分类

多旋翼无人机可按照旋翼数量、气动布局、用途、重量、控制方式和市场定位等进行分类。

1)按旋翼数量分类

按照旋翼数量不同,多旋翼无人机分为四旋翼无人机、六旋翼无人机、八旋翼无人机等,如图 2.3 所示。

四旋翼无人机结构简单、飞行效率高,是目前应用最多的结构。但是,四旋翼无人机的任何一个电机发生停转或螺旋桨断裂都会导致无人机坠毁,所以安全性较低。

六旋翼无人机是在四旋翼基础之上增加了 2 个旋翼而形成的设计。六旋翼无人机运行时,如果其中一个机臂失去动力,仍然能够保持机身的稳定,所以其安全性高于四旋翼无人机。

八旋翼无人机在六旋翼基础之上又增加了 2 个旋翼,最多可实现不相邻的两臂同时失去动力时,仍然能够稳定悬停,更加提升了多旋翼无人机的安全、稳定性。

(a) 四旋翼无人机

(b) 六旋翼无人机

(c) 八旋翼无人机

图 2.3　多旋翼无人机

动力冗余性的设计是在强调设备稳定性的前提下而产生的,它使多旋翼无人机的安全性得到提升,但是,随着旋翼数量的增加,在相同的机身重量下,单个旋翼所形成的风场面积减小,这将提高多旋翼无人机风场的复杂程度,这也是安全性设计所带来的负面效果。

2)按气动布局分类

多旋翼无人机的气动布局可分为十字形布局和 X 形布局,如图 2.4 所示。

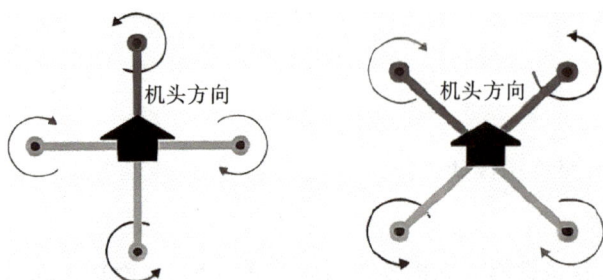

机头方向　机头方向

图 2.4　四旋翼无人机十字形与 X 形气动布局的机头方向

十字形多旋翼气动布局是最早出现的多旋翼无人机气动布局,如图 2.5 所示。因其控制前后左右的飞行比较直观,只需要改变轴向上电机的转速,即可改变无人机姿态从而实现基础飞行,因此便于简化飞控算法的开发。但其构造导致无人机前行航拍时,正前方的螺旋桨容易进入画面造成遮挡。随着飞控系统的发展,十字形布局逐渐被 X 形布局取代。

图 2.5　十字形气动布局与电机转向示意

X 形气动布局是目前多旋翼无人机最常见的布局,如大疆创新的 MG－1/1S 系列、极飞科技的 P－20 系列等,都属于 X 形气动布局。X 形气动布局在前进方向的等分角度(如四旋翼,左前、右前距机头均 45°,机尾相同)放置相反方向旋转的电机,以抵消电机转动时产生的反扭矩,如图 2.6 所示。相比十字形气动布局,其前后左右动作时加减速的电动机较多,控制比较迅速有力。

图 2.6 X 形气动布局与电机转向示意

2.机身结构

多旋翼无人机的机身一般称为机架。机架是多旋翼无人飞行器的主体结构,是承载所有设备的基础平台。多旋翼机架质量的好坏很大程度上决定了多旋翼性能的优劣。机架的主要作用是提供安装接口(包括电机、机舱、起落架、外挂设备等的安装和固定口),提供稳定坚固的平台,使飞行器在受力作用下保持稳定并避免损伤,并在满足强度要求的前提下,尽可能减轻重量,为提升飞机性能和增加其他设备提供更大的余量。机架的质量对无人机的整体质量具有至关重要的意义。品质优良的机架不仅重量轻、强度好、可靠性高、使用寿命长,而且具有较好的稳定性基础。机架主要由机臂、电机安装座、主机身、脚架等构成,如图 2.7 所示。

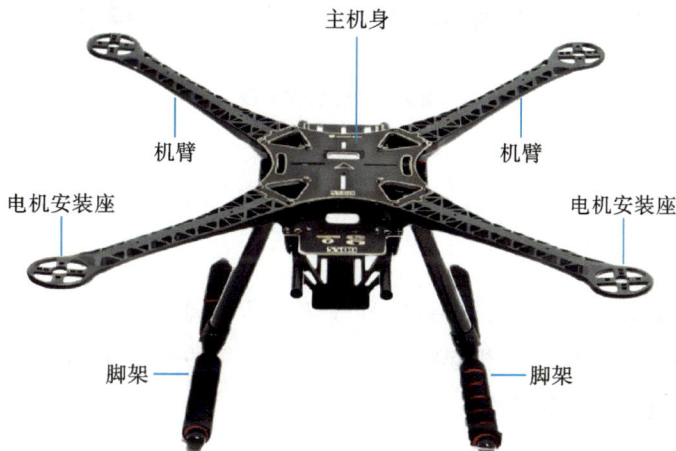

图 2.7 无人机机身结构

1)机臂

机臂是无人机主体与电机安装座的连接部件,支撑着电机和螺旋桨,是受力最大最复杂的结构,决定飞行器的强度和振动,如图 2.8 所示。对于多旋翼无人机来说,轴数越多,其机臂也相应地越多。

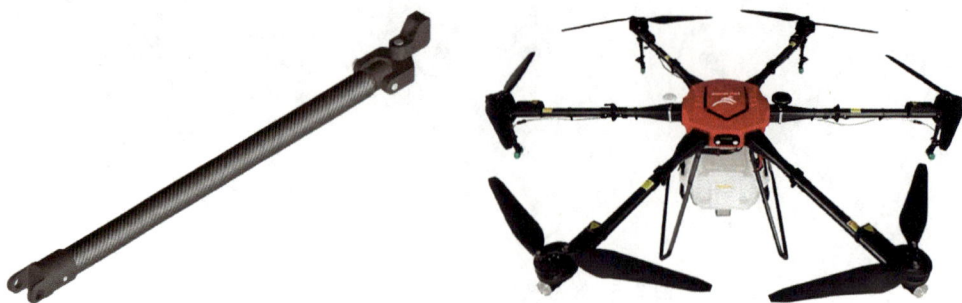

图 2.8　无人机机臂

2）电机安装座

每个机臂末端都会有相应的电机安装座,如图 2.9 所示。电机安装座是固定电机的结构,通过螺丝孔把电机固定在上面,大都与机臂制作成一体的。如果机臂与电机安装座材料不同,则需要使用独立的电机安装座。

图 2.9　电机安装座

3）主机身

主机身是所有机臂安装的初始位置,也是飞控设备等其他电子设备的安装位置。

4）脚架

绝大部分的多旋翼无人机都有脚架,如图 2.10 所示。脚架的主要作用是支撑机身重量,增加桨叶离地距离,方便多旋翼无人机起降,并在降落时起缓冲作用,消耗和吸收多旋翼无人机着陆时的撞击能量,保护电池、电机等设备。

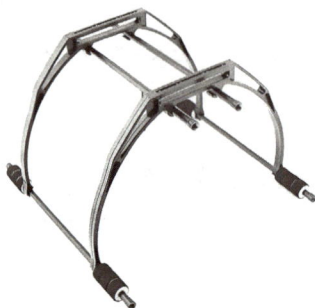

图 2.10　无人机脚架

5)机身材料

多旋翼无人机机身材料主要有塑料、玻璃纤维和碳纤维等。塑料机架的刚度和强度较差，但制作容易、价格低廉，适用于消费类无人机。玻璃纤维机架的强度优于塑胶机架，耐腐蚀性较好，但刚性一般，受力较大时易变形。碳纤维机架的重量轻、刚度和强度好、经久耐用，且具有耐腐蚀特性，如图 2.11 所示。

图 2.11　碳纤维机架

6)轴距

轴距是指两个呈对角线分布的电机轴心之间的距离，一般单位为 mm，用于表达机架的大小，如图 2.12 所示。无人机常见的轴距有 800 mm、1000 mm、1520 mm 等。轴距决定了无人机能使用螺旋桨的最大直径，轴距越大，可以使用的螺旋桨直径就越大。

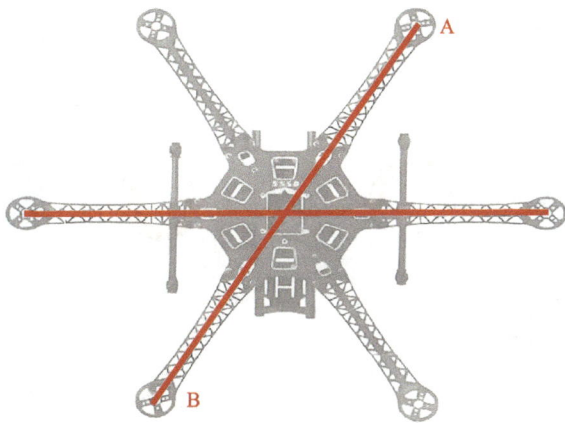

图 2.12　多旋翼无人机轴距

3. 工作原理

以下以四旋翼十字形气动布局无人机为例，分析多旋翼无人机的工作原理。无人机的四个旋翼对称分布在机体的前后左右四个方向，处于同一高度平面，且四个旋翼的结构和半径都相同,四个电机对称地安装在飞行器的支架端,支架中间安装飞控及其他外部设备,如图 2.13 所示。

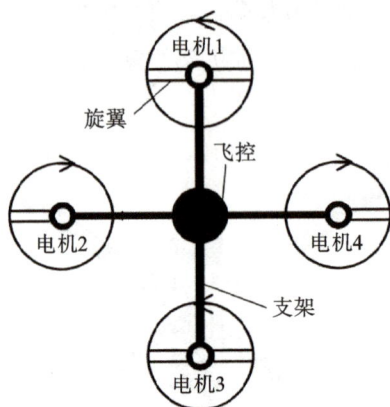

图 2.13 四旋翼无人机的结构形式

1)螺旋桨的反扭矩

根据多旋翼结构的对称性,假设四个电机转动方向相同,都是顺时针转动,那么就会对四个轴臂产生四个逆时针的反扭矩,如图 2.14(a)所示。而这四个力作用在轴臂上时,会使机身以自身中心为转轴进行旋转。为了克服无人机的自旋,可以让对角线上的两个电机转动方向相同,而让相邻的两个电机转动方向相反,使它们所产生的反扭矩相互抵消,无人机就不会再出现自旋了,如图 2.14(b)所示。

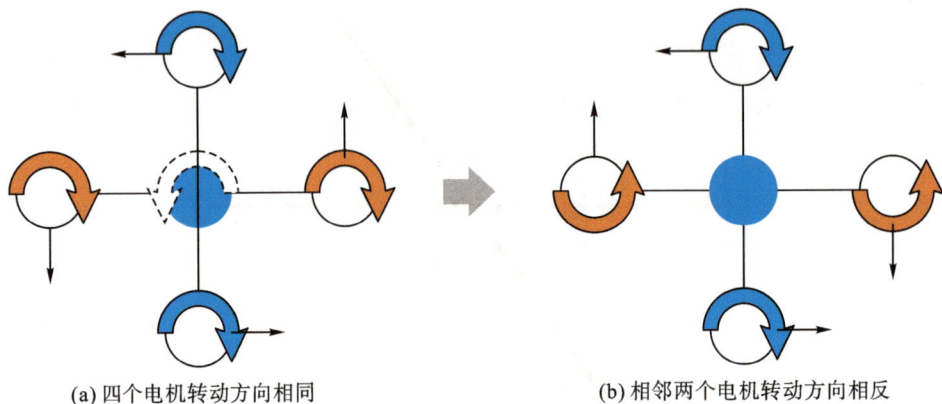

(a) 四个电机转动方向相同   (b) 相邻两个电机转动方向相反

图 2.14 螺旋桨的反作用力矩

2)四旋翼飞行控制原理

当没有外力并且质量分布平均时,四个螺旋桨以相同的转速转动,在螺旋桨向上的拉力大于整机的重量时,无人机就会向上升;在拉力与重量相等时,无人机就可在空中悬停。四旋翼飞行器通过调节四个电机转速来改变旋翼转速,实现升力的变化,从而控制飞行器的姿态和位置。

四旋翼无人机只有四个输入力,而有六个状态输出,如图 2.15 所示。

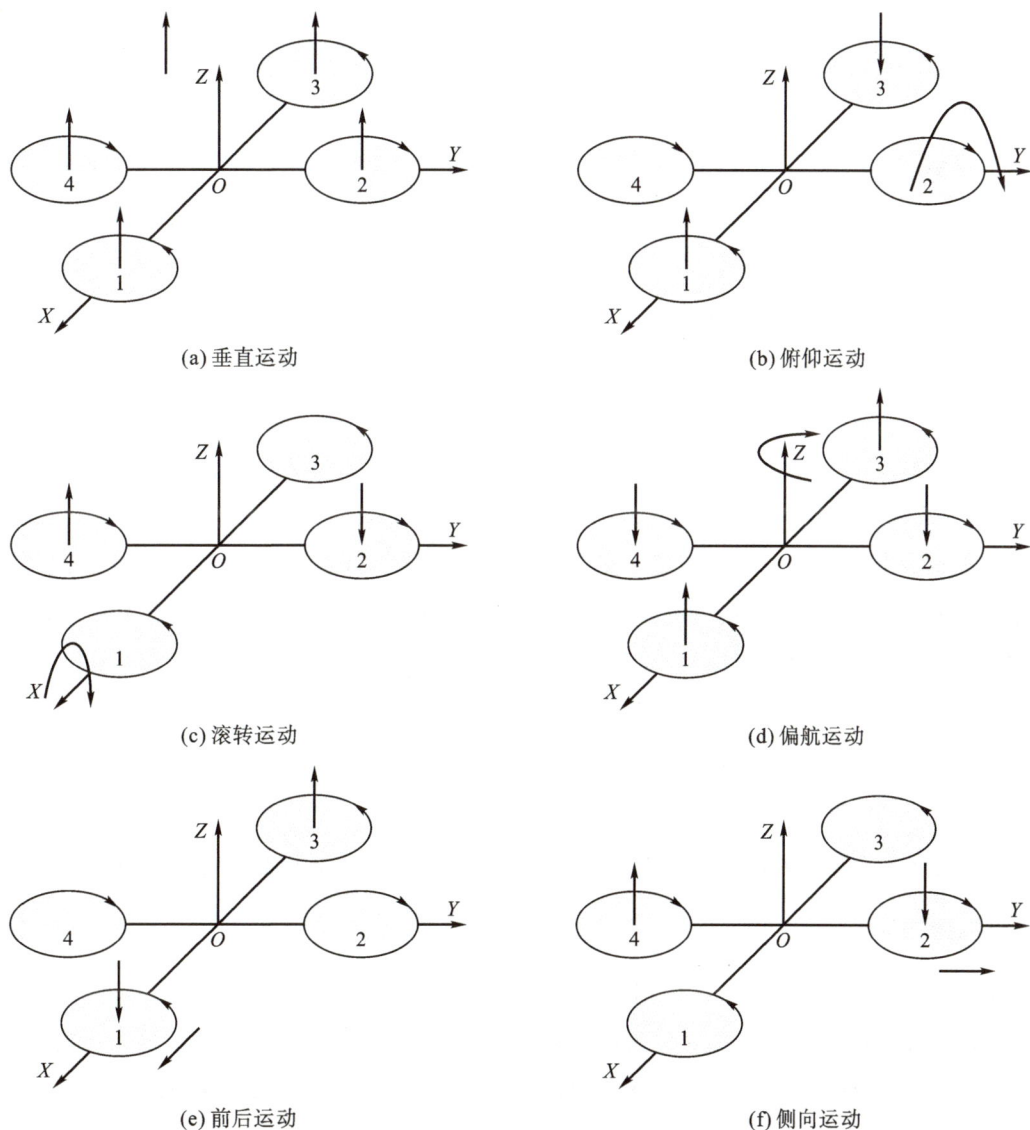

(a)垂直运动　　　　　　　　　　　　　　(b)俯仰运动

(c)滚转运动　　　　　　　　　　　　　　(d)偏航运动

(e)前后运动　　　　　　　　　　　　　　(f)侧向运动

图 2.15　四旋翼无人机沿各自由度的运动

(1)垂直运动。如图 2.15(a)所示,同时增加四个电机的输出功率,旋翼转速增加使得总的拉力增大,当总拉力足以克服整机的重量时,四旋翼无人机便垂直上升;反之,同时减小四个电机的输出功率,四旋翼无人机则垂直下降,直至平衡落地。当旋翼产生的升力等于飞行器的自重时,无人机便保持悬停状态。

(2)俯仰运动。如图 2.15(b)所示,电机 1 的转速上升,电机 3 的转速下降,电机 2 和电机 4 的转速保持不变。由于旋翼 1 的升力上升,旋翼 3 的升力下降,产生的不平衡力矩使机身绕 Y

轴旋转。同理,当电机 1 的转速下降,电机 3 的转速上升,机身便绕 Y 轴向逆时针方向旋转,实现飞行器的俯仰运动。

(3)滚转运动。如图(c)所示,改变电机 2 和电机 4 的转速,保持电机 1 和电机 3 的转速不变,则可使机身绕 x 轴旋转(正向和反向),实现飞行器的滚转运动。

(4)偏航运动。反扭矩的大小与旋翼转速有关,当四个电机转速相同时,四个旋翼产生的反扭矩相互平衡,四旋翼飞行器不发生转动。当四个电机转速不完全相同时,不平衡的反扭矩会引起四旋翼飞行器转动。如图 2.15(d)所示,当电机 1 和电机 3 的转速上升,电机 2 和电机 4 的转速下降时,旋翼 1 和旋翼 3 对机身的反扭矩大于旋翼 2 和旋翼 4 对机身的反扭矩,机身便在富余反扭矩的作用下绕 Z 轴转动,实现飞行器的偏航运动,其转向与电机 1 和电机 3 的转向相反。

(5)前后运动。要想实现四旋翼无人机在水平面内前后左右的运动,必须在水平面内对飞行器施加一定的力。如图 2.15(e)所示,增加电机 3 转速使拉力增大,相应减小电机 1 转速使拉力减小,同时保持其他两个电机转速不变,反扭矩仍然要保持平衡。参考图 2.15(b),四旋翼无人机首先发生一定程度的倾斜,进而使旋翼拉力产生水平分量,无人机沿 X 轴方向向前飞行。向后飞行与向前飞行正好相反。

(6)侧向运动。由于结构对称,侧向运动的工作原理与前后运动相似。

三、微型实训多旋翼无人机系统

微型实训多旋翼无人机系统由机身主体、动力系统、飞控系统和地面遥控系统等组成。

1. 机身主体

机架是无人机的主体结构,由上下板、固定铝柱和螺丝等组成。电池仓是安装电池的地方,起到保护与固定电池的作用,防止在训练过程中损坏电池,或者在飞行中电池脱落或移位导致重心移位,造成飞行不稳定。脚架在无人机起飞降落过程中起到稳定无人机的作用。

2. 动力系统

微型实训多旋翼无人机的动力系统由四颗 2212 无刷电机、四颗 20A 无刷电子调速器和相应螺旋桨组成。

1)无刷电机

无刷电机采取电子换向,线圈不动,磁极旋转。无刷电机通过霍尔元件感知永磁体磁极的位置,并根据这种感知,使用电子线路适时切换线圈中电流的方向,保证产生正确方向的磁力来驱动电机,如图 2.16 所示。无刷直流电机具有体积小、功率大、无电火花噪声干扰且使用寿命长等优点。

电机的型号主要以尺寸为依据,如 2212 电机、2018 电机等。4 位数字中前面 2 位是电机转子的直径,后面 2 位是电机转子的高度。如 2212 电机定子线圈的直径是 22 mm,不包含轴的电子线圈长度是 12 mm,如图 2.16 所示。

图 2.16　2212 无刷电机(正、反)

电机的转速一般用 KV 值来表示。KV 值是指电机在空载状态下,提高单位电压时所能提高的电机转速,或者简单理解为空载状态下电机转速和电压的比值,是无人机动力电机一个非常重要的参数。例如 2212-850KV 电机在 10 V 电压下的转速是 8500 r/min。

2)电子调速器

电子调速器(电调)根据控制信号调节电动机的转速。无刷电机的启动必须使用无刷电调。无刷电调把电池的直流电引入,将其转化为三相交流电引出至无刷电机。

有刷电机和无刷电机不同,有刷电机不需要电调即可启动,只要正负极和电池相连即可。但无刷电机没有电刷,所以效率相比有刷电机大大提高。

无刷电调一般还承担着调节电流大小,以及为其他设备供电的任务,因此,无刷电调的品质非常重要。

无刷电调有七个输入输出端,其中两个分别接电源的正负极,另外三个接无刷电机,还有一对杜邦线连接飞控。

3)动力电池

动力电池主要为电动机的运转提供电能。通常采用化学电池作为电动无人机的动力电源。目前四旋翼无人机多使用锂离子动力电池和锂聚合物电池。

(1)锂离子动力电池在 20 世纪 70 年代进入实用化,它具有以下优点:

①相对电压高:是镍镉电池、镍氢电池的 3 倍,更适合做动力电池。

②重量轻、体积小:重量仅有相同能量铅酸电池的 1/4~1/3。

③使用寿命长:循环使用次数可达 1000~3000 次,使用年限可达 5~8 年。

④工作温度范围宽:锂离子动力电池可在－40~＋55 ℃工作。

⑤无记忆效应:可以随时随地进行充电,电池充放电深度对电池的寿命影响不大。

⑥无污染:不含有有毒物质,因此常被称为"绿色电池"。

但是,锂离子动力电池的价格是相同电压与容量铅酸电池的 3～4 倍,且其使用的液体或胶体电解液存在发生泄漏的安全隐患。

(2)锂聚合物电池(LiPo)的聚合物锂离子工艺中没有多余的电解液,因此比锂离子电池更稳定,也不易因过量充电、碰撞而造成危险,安全性更高。锂聚合物电池比同样大小的锂离子电池,放电量能够高出 10%。锂聚合物电池具有能量高、更小型化、超薄化、轻量化、高安全性等多种明显优势,是现今小微型无人机主要使用的电池,如图 2.17 所示。

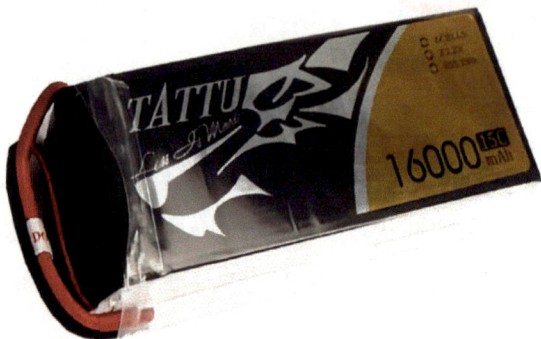

图 2.17　锂聚合物电池

微型实训多旋翼无人机使用 3S 5200 mA·h 电池。

4)分电板

分电板是用来连接电源和用电设备的装置,可以把一块电池的电流分配到多个接口,供多个接口一起使用。

3.飞控系统

飞控系统是无人机的关键核心系统之一,按具体功能可划分为导航子系统和飞控子系统两部分。导航子系统的功能是向无人机提供相对于所选定的参考坐标系的位置、速度、飞行姿态,引导无人机沿指定航线安全、准时、准确地飞行。飞控子系统是无人机完成起飞、巡航飞行、执行任务、返场回收等整个飞行过程的核心系统,对无人机实现全权控制与管理。

微型实训多旋翼无人机系统使用 DJI(大疆)NAZA - M Lite 民用无人机飞控系统,包括主控器、BEC(battery eliminator circuit,去电池电路)、LED 指示灯、GPS 模块等,如图 2.18 所示。

图 2.18　NAZA 多旋翼飞控系统

1）主控器

主控器是系统的核心,通过它将电子调速器和遥控接收机等设备连接起来,从而实现自动驾驶功能。其中的 IMU(inertial measurement unit,惯性测量单元)包含 3 轴加速度计、3 轴陀螺仪和气压高度计,用于识别姿态和高度。

2）BEC

BEC(去电池电路)是一种用来取代电池提供电力的电路,多用在电池驱动但是需要高低电压的场合,可以用来节省电池需求。例如马达工作电压为 12 V,而控制板为 5 V 时,只需要一块 12 V 电池,另加一组 12 V 转 5 V 的去电池电路即可。

3）LED 指示灯

LED 指示灯模块用于实时显示飞行状态,是飞行过程中必不可少的显示设备,通过 LED 颜色和闪烁频率的变化可以显示非常丰富的信息,它能帮助飞手(操作员)实时了解无人机的各项状态。例如,在大疆 MG - 1 的 LED 显示方法中,黄灯快闪表示电量低报警,黄绿灯快闪表示磁罗盘异常。LED 主要通过颜色、频率、显示的次数等对各种状态进行表达。LED 指示灯模块如图 2.19 所示。

图 2.19　LED 指示灯

4)GPS 模块

GPS(global positioning system,全球定位系统)是由美国国防部研制建立的一种全方位、全天候、全时段、高精度的卫星导航系统(GNSS,global navigation satellite system),能为用户提供低成本、高精度的三维位置、速度和精确定时等导航信息。多旋翼无人机在没有 GNSS 的前提下无法实现自动飞行,其自动航线飞行必须建立在无人机清楚自身地理位置的前提下进行。GNSS 系统的主要作用如下:

①提供经纬度,使无人机能够获得地理位置信息,从而能够实现定位悬停及规划航线飞行。

②提供无人机的高度、速度、时间等信息,对无人机提供信息支持,提高飞行稳定性。

GPS 模块用于精确确定飞行器的方向及经纬度等位置信息,对于失控保护自动返航、精准定位悬停等功能的实现至关重要。

四、认知组装图与分析组装流程

只有正确掌握组装流程,才能顺利正确地完成无人机组件的组装工作。多旋翼无人机的说明书或使用设计文件都标有较详细的组装流程图或机械组装图,如图 2.20 所示。

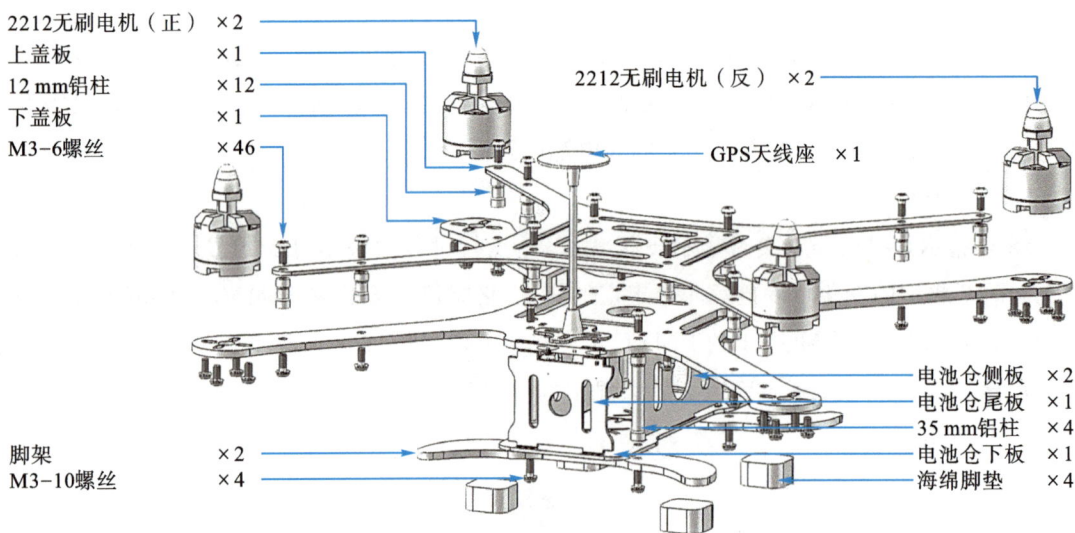

2212无刷电机（正）×2
上盖板 ×1
12 mm铝柱 ×12
下盖板 ×1
M3-6螺丝 ×46
2212无刷电机（反）×2
GPS天线座 ×1
电池仓侧板 ×2
电池仓尾板 ×1
35 mm铝柱 ×4
电池仓下板 ×1
海绵脚垫 ×4
脚架 ×2
M3-10螺丝 ×4

图 2.20 多旋翼无人机组装图

五、微型实训多旋翼无人机配件

以 JY-F-330 微型实训多旋翼无人机为例。该无人机的机架配件有上盖板、下盖板、电池仓、脚架、多型号铝柱、多型号螺丝、GPS 座、XT60 头座、螺旋桨、海绵脚垫等,如表 2.1 所示。

表 2.1　JY－F－330 微型实训多旋翼无人机机架配件

配件				
名称	上盖板	下盖板	电池仓下板	电池仓侧板
配件				
名称	电池仓尾板	脚架	35 mm 铝柱	12 mm 铝柱
配件				
名称	M3－6 螺丝	M3－10 螺丝	GPS 座	XT60 头座
配件				
名称	螺旋桨	海绵脚垫	XT60 头	绑带

动力组配件有无刷电调、无刷电机、分电板、电极板等,如表 2.2 所示。

表 2.2　JY－F－330 微型实训多旋翼无人机动力组配件

配件				
名称	电调	电机(正)	电机(反)	分电板

飞行控制组配件有 NAZA 主控、GPS 模块、LED 模块、PMU 等,如表 2.3 所示。

表 2.3　JY－F－330 微型实训多旋翼无人机飞行控制组配件

配件				
名称	NAZA 主控	GPS 模块	LED 模块	PMU
配件				
名称	舵机线	USB 调参线	双面胶	BB 响测电器

任务评价

评价模块	评价内容	得分
知识模块 （30%）	复述多旋翼无人机机身结构（10 分）	
	复述多旋翼无人机的工作原理（10 分）	
	熟知微型实训多旋翼无人机系统组成（10 分）	
技能模块 （50%）	正确绘制组装流程，不漏项（15 分）	
	准确准备微型实训多旋翼无人机配件，不漏项（20 分）	
	正确选择要组装的无人机工件与工具设备（15 分）	
素养模块 （20%）	态度认真、操作规范，工具使用正确（8 分）	
	小组成员默契配合，协作完成任务（7 分）	
	按照计划完成各项任务实施（5 分）	
总分		

任务二　微型实训多旋翼无人机组装

学习目标

一、知识目标

(1)熟悉微型实训多旋翼无人机机架的组装方法。

(2)熟悉无人机动力电机的安装与接线方法。

(3)熟悉电子调速器的固定和连接方法。

(4)熟悉无人机飞控的安装方法和接线方法。

(5)熟悉GPS的固定和连接方法。

(6)熟悉螺旋桨的安装方法。

二、能力目标

(1)能够正确安装和连接动力电机,并确认电机转动方向。

(2)能够正确连接电子调速器接线并用扎带固定电调。

(3)能够正确安装飞控板,并正确连接。

(4)能够安装固定GPS,并连接到飞控板。

(5)能够正确组装电池仓,并固定无人机电池。

三、素质目标

(1)通过微型实训多旋翼无人机组装操作,培养细致严谨、敬业爱岗思想。

(2)通过小组协作完成任务,培养团队协作精神。

(3)认真完成每一步操作,培养认真专注、精益求精的工匠精神。

任务分析

本任务设置无人机机架安装、电池仓安装、中心板固定、动力电插头固定、分电板连接、动力电机安装、电调固定、电调线连接、飞控安装、GPS连接、螺旋桨安装等内容。根据上一任务学习的微型实训多旋翼无人机组装顺序与流程,逐步安装机架、动力系统、飞控、GPS、分电板、电机、电调等设备。组装微型实训多旋翼无人机时,对每个部件的安装都需要仔细地检查,组装过程中更要细心认真。

任务步骤

①完成工作任务单。

②进行微型实训多旋翼无人机的调试学习和训练,完成学习笔记的记录。

③正确组装微型实训多旋翼无人机机架,并检查各部分连接牢靠。

④安装和连接动力电机,检查旋转方法。固定电调,正确连接电调连接线,检查各部分连接牢靠。

⑤正确安装飞控,正确连接飞控连接线,检查连接牢靠。固定GPS并正确连接GPS连接线。

⑥核对安装结果,完成工作实施单的表格填写。

工作任务单

班级：_____   姓名：_____

学习咨询材料，实操组装微型实训多旋翼无人机，回答以下问题：

(1)复述多旋翼无人机的组装顺序和流程。

(2)如何设置电机的接线与旋转方向？

(3)绘制电调接线图，并标出电调各端口的连接部件名称。

(4)列举与 NAZA－M 主控相连接的部件，并写出名称与规格，填入下表。

序号	部件名称	部件规格	注释

学习 笔记

班级：＿＿＿＿＿＿＿　　　　　　姓名：＿＿＿＿＿＿＿

主题	
内容	问题与重点
总结	

工作 实施单

班级：_____　　　　　　　姓名：_____

根据组装工艺流程图，制订组装方案。选择合适的工具，安装飞控、电子调速器、GPS、电机、电池等设备，并绘制微型实训四旋翼无人机的逻辑连接图。

微型实训四旋翼无人机的逻辑连接图

参考四旋翼无人机

提升 训练单

班级：_____　　　　　　　姓名：_____

根据学习和实操经验，绘制六旋翼无人机的逻辑连接图。

六旋翼无人机的逻辑连接图

参考六旋翼无人机

咨询材料

一、组装机架

微型实训多旋翼无人机机架组装步骤如下：

第一步，安装电池仓。将电池仓侧板 2 块、电池仓尾板 1 块、电池仓下板 1 块、脚架 2 片、35 mm 铝柱 4 根、用 4 颗 M3－6 和 4 颗 M3－10 螺丝安装在机架下板下方，如图 2.21 所示。脚架应凸面相对安装，电池仓下板带自锁丝扣的一面朝下。

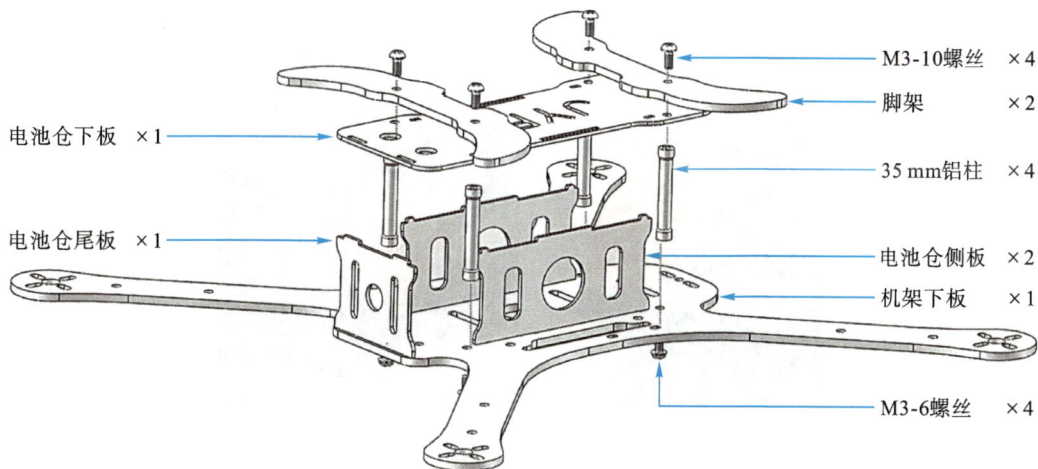

电池仓下板 ×1	M3-10螺丝 ×4
电池仓尾板 ×1	脚架 ×2
	35 mm铝柱 ×4
	电池仓侧板 ×2
	机架下板 ×1
	M3-6螺丝 ×4

图 2.21　电池仓的安装

第二步，将 12 个 12 mm 铝柱用 M3－6 螺丝安装在机架下板上方，如图 2.22 所示。

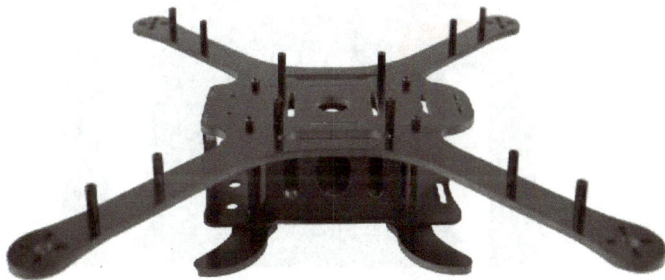

图 2.22　铝柱安装

第三步，将中心板通过 3M 双面胶固定到下板的中心位置上方，如图 2.23 所示。

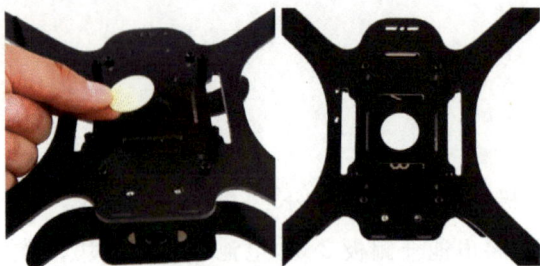

图 2.23　中心板固定

第四步，将 XT60 公头通过铝件固定到下板的右侧，如图 2.24 所示。

图 2.24　固定动力电插头

第五步，将 XT60 头的红黑两根线用电烙铁焊接到中心板的中心位置，如图 2.25 所示。

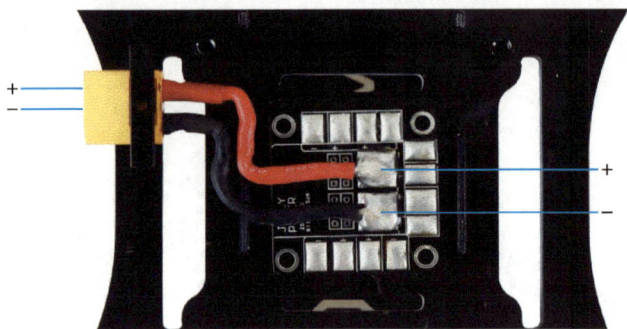

图 2.25　连接分电板

二、安装电机

第一步，将 4 个电机用 4 颗 M3 - 6 螺丝分别安装到机臂尾端，与电机槽对应。安装时注意电机的旋转方向，以及白帽电机和黑帽电机的安装位置。

第二步,将 4 个电调分别安装到机臂 1/3 处,并用 3M 双面胶固定,然后与电机相连接,如图 2.26 所示。如果电机转向错误,则调换两根电机线的顺序。

图 2.26　动力电机安装

三、连接电调

第一步,将电调焊接到分电板,并固定在合适位置,如图 2.27 所示。

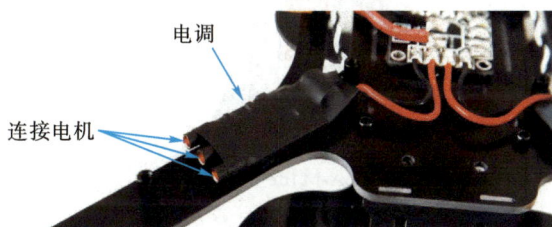

图 2.27　固定电调

第二步,将电调的电源线与中心板各分级相连接,红色接正极,黑色接负极,如图 2.28 所示。

图 2.28　连接电调线

电调电源线+
电调电源线−
电调信号线
电调电源线−
电调电源线+

电调电源线+
电调电源线−
电调信号线
电调电源线−
电调电源线+

四、安装飞控

第一步,将飞控用 3M 双面胶固定到上板的中心位置,将 PMU 与接收机用 3M 双面胶固定到飞控的两侧,如图 2.29 所示。

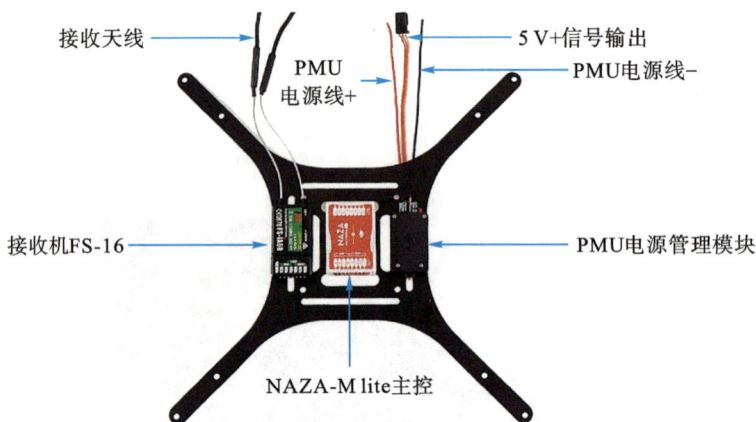

接收天线
PMU 电源线+
5 V+信号输出
PMU电源线−
接收机FS-16
PMU电源管理模块
NAZA-M lite主控

图 2.29　飞控安装

第二步,将 PMU 电源线绕到下板与中心板焊接后、把上板安装在机架上,如图 2.30 所示。安装时要注意机头方向。

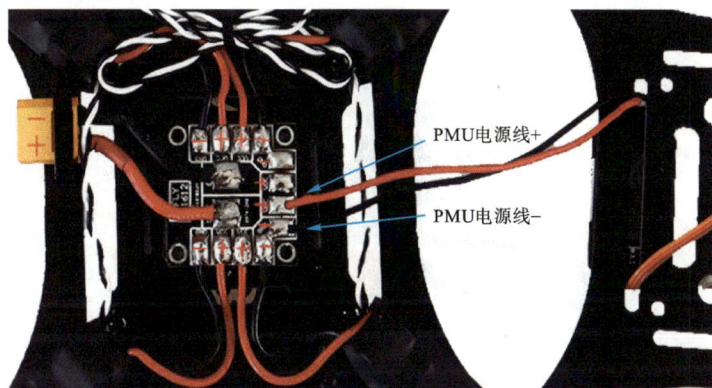

图 2.30　连接电源线

五、连接 GPS

将 GPS 用 3M 双面胶固定到底座上,然后将 GPS 杆与下板的自锁丝固定,将 GPS 线与飞控 EXP 口相连接,如图 2.31 所示。

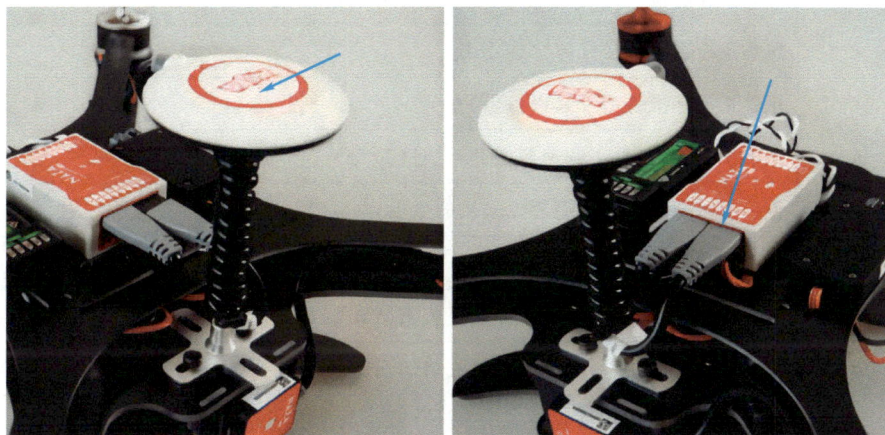

图 2.31　GPS 连接

六、安装螺旋桨

将 4 个螺旋桨分别安装到 4 个无刷电动机轴上,完成微型实训多旋翼无人机的组装,如图 2.32 所示。安装时,注意螺旋桨的旋转方向是否正确。

图 2.32　螺旋桨安装

任务评价

评价模块	评价内容	得分
知识模块（30%）	复述微型实训多旋翼无人机的组装顺序和流程（9分）	
	熟悉机架的接线方法和电机、电调的接线方法（12分）	
	熟悉飞控系统的接线方法（9分）	
技能模块（50%）	正确选择标准件与工具设备（10分）	
	正确安装飞控、电子调速器、GPS设备（20分）	
	正确组装微型实训多旋翼无人机的电机、电池（15分）	
	正确安装螺旋桨（5分）	
素养模块（20%）	按规定摆放工具和零部件，保证组装流程简便、顺畅（10分）	
	按规范使用工具、用后及时整理收纳（5分）	
	按流程进行各项任务实施（5分）	
总分		

任务三　微型实训多旋翼无人机调试

学习目标

一、知识目标

(1)了解主控器及其传感器的类型与作用。

(2)熟悉多旋翼无人机的调试步骤和注意事项。

(3)熟悉无人机调试前的检查步骤和各项准备工作。

(4)掌握多旋翼无人机各项参数调试的设置方法。

(5)掌握多旋翼无人机调试的指南针校准方法。

二、能力目标

(1)能够正确安装和配置调参软件。

(2)能够检查飞控板、电调、电机等连接是否正确、牢靠,检查遥控器与接收机对频和工作状态。

(3)能够正确设置 GPS、遥控器、马达等各项调试参数,完成失控保护、电压保护等设置。

(4)能够完成多旋翼无人机调试的指南针校准。

三、素质目标

(1)认真完成微型实训多旋翼无人机调试,建立不畏艰险、勇于担当的责任感。

(2)调试后无人机的质量和性能须符合要求,培养精益求精的工作作风。

(3)遵循调试相关要求,在调试过程中始终保持实事求是,切实履行职业责任。

任务分析

将机架、飞控系统、动力系统和通信系统等多旋翼无人机硬件组装后,为了实现无人机的良好飞行及功能要求,必须进行合理的调试。调试工作关系着飞行性能及安全。组装完成后,应连接所有线路,接通电源,进行首次通电测试,检查飞控、电调、电机和接收机是否正常通电,检查有没有出现短路。安装 NAZA - M LITE 调参软件,打开遥控器,接通电源,用遥控器解锁飞控,推动油门检查 4 个电机的转向是否正确。接通飞控系统电源进行 NAZA - M 主控器调试,进行飞行器类型、GPS、遥控器、马达设置,失控保护、电压保护设置,指南针校准等调试。在调试过程中,每项调试工作都要认真细致,以保证无人机稳定飞行。

任务步骤

①完成工作任务单。

②进行多旋翼无人机调试的学习,掌握无人机调试步骤与设置各项参数的方法,完成学习笔记的记录。

③检查飞控板、电调、电机等连接是否正确和牢靠;检查遥控器与接收机对频和工作状态是否正常。

④连接地面站与飞控板,设置 GPS、遥控器、马达等各项调试参数,设置失控保护、电压保护。

⑤完成多旋翼无人机调试的指南针校准操作。

⑥核对调试结果,完成工作实施单。

工作任务单

班级：_____　　　　　姓名：_____

学习咨询材料,回答以下问题:

(1)多旋翼无人机调试之前,有哪些检查工作? 写出检查步骤。

(2)GPS 参数如何设置? 如何填写 GPS 体心位置与飞机重心的相对距离?

(3)马达设置时,将马达怠速速度设置为低速、中速(推荐)、高速时,电机各是什么状态? 填写下表。

马达设置界面	低速	中速	高速
马达怠速速度 低速　　　推荐　　　高速 停止类型 ○立即　　●智能			

(4)设置遥控器时,在软件界面选择接收机类型。成功连接接收机后,根据调试软件界面上的提示校准遥控器,检查通道是否正常,并设置通道正反向。填写下表。

遥控器设置界面	通道名称	正反类型	遥控器通道设置方法
接收机类型 ●普通　○D-Bus　○PPM 命令杆校准　　　遥控杆监视 A　　反向　　X1 E　　反向　　X2 T　　反向 R　　反向 校准　　开始 控制模式切换 GPS　失控保护　姿态　失控保护　手动 U			

学习 笔记

班级：＿＿＿＿＿＿＿＿　　　　　姓名：＿＿＿＿＿＿＿＿

主题		
内容		问题与重点
总结		

工作 实施单

班级：_____ 姓名：_____

学习和实操微型实训多旋翼无人机调试，写出指南针校准的目的与步骤，填入下表。

指南针校准示意图	指南针校准目的	指南针校准步骤

提升 训练单

班级：_____ 姓名：_____

多旋翼无人机调试分无桨调试和有桨调试。在下表中填写无桨调试和有桨调试的内容和注意事项。

序号	无桨调试内容	无桨调试注意事项	有桨调试内容	有桨调试注意事项

咨询材料

一、主控器

主控器是系统的核心,它将电子调速器和遥控接收机等设备连接起来,从而实现自动驾驶功能。主控器中的 IMU(惯性测量单元)包含 3 轴加速度计、3 轴陀螺仪和气压高度计,用于识别姿态和高度。NAZA-M 主控器连接如图 2.33 所示。

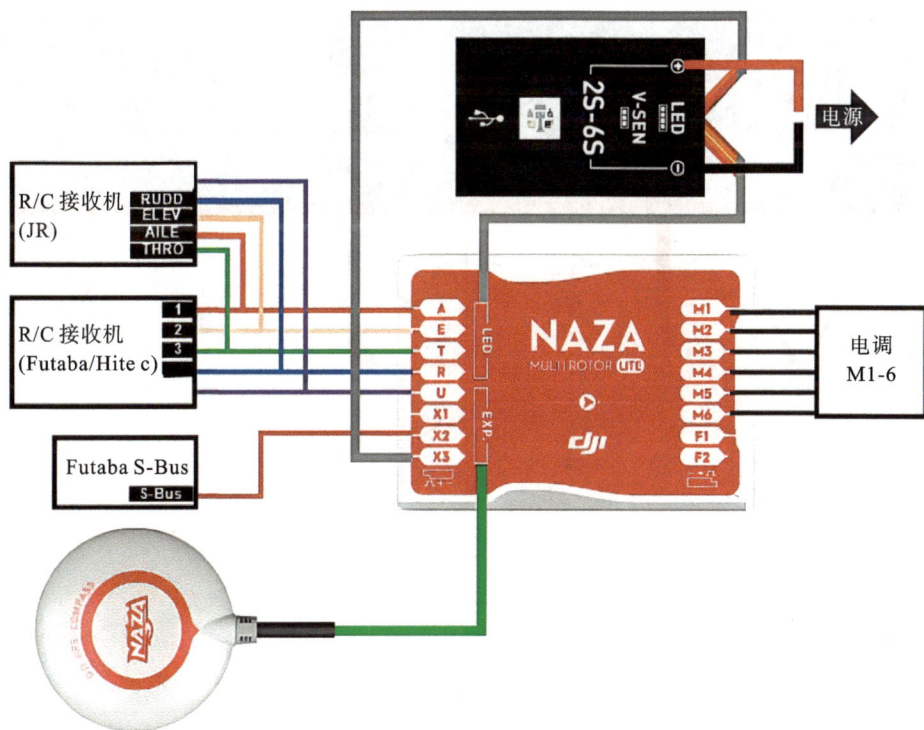

图 2.33　主控器连接图

二、调试环境

①在 Windows 系统中安装驱动程序,运行调参软件。

②打开遥控器,接通飞控系统电源。

③使用 Micro-USB 连接线连接飞控系统和电脑。

三、调试步骤

连接所有线路,接通电源,进行首次通电测试,检查飞控、电调、电机和接收机是否正常通电,检查有没有出现短路。多旋翼无人机的调试工作按阶段可划分为无桨调试和有桨调试两类。顾名思义,无桨调试是指不带桨叶的调试方式。采取这种调试方式可以发现存在的大部分问题,其主要优点是在开展调试工作的初期避免因桨叶旋转而带来危险。

第一步,选择飞行器类型,如图 2.34 所示。测试组装完成的飞行器电机转向是否与飞行器类型选择界面上显示的相应机型 4 个电机的旋转方向一致。判断电动机旋转方向的方法:拿住一张纸条的一端,使纸条另一端接触转动的电动机轴,通过查看纸条弯向哪一侧来判断电动机的转动方向。

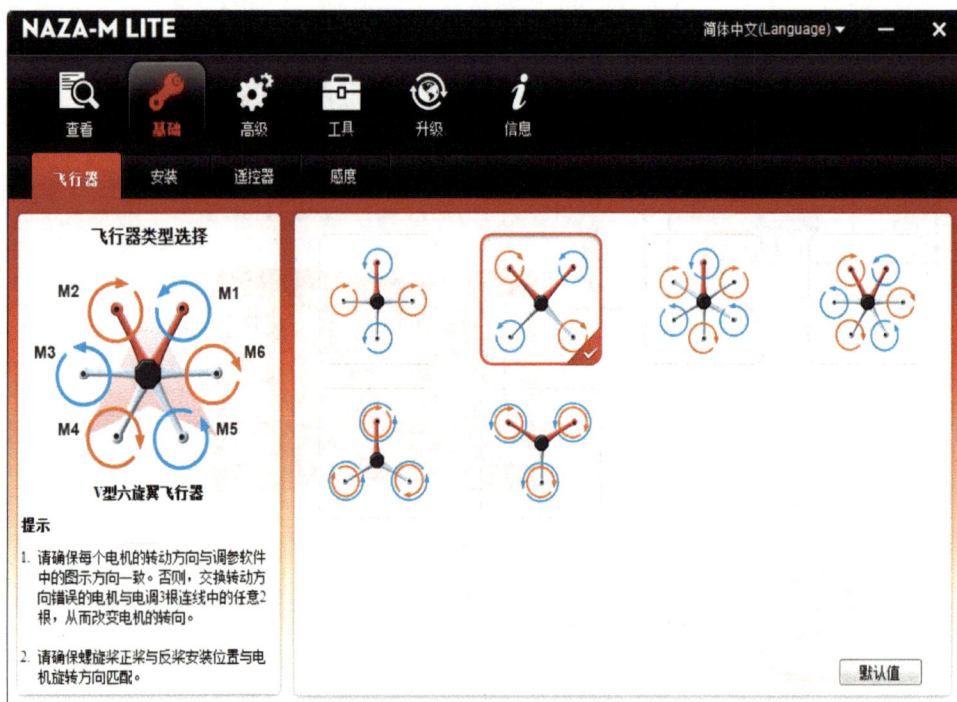

图 2.34 飞行器类型选择

第二步,设置 GPS,如图 2.35 所示。将所有飞行中会用到的负载全部安装在机身上,平衡负载,使飞行器的重心位于飞行器中心。GPS 模块的安装有方向要求,务必使 GPS 模块印有箭头的一面朝上,并且箭头指向飞行器的正前方。填入 GPS 体心位置与飞机重心的相对距离,注意 X、Y 与 Z 轴的方向。

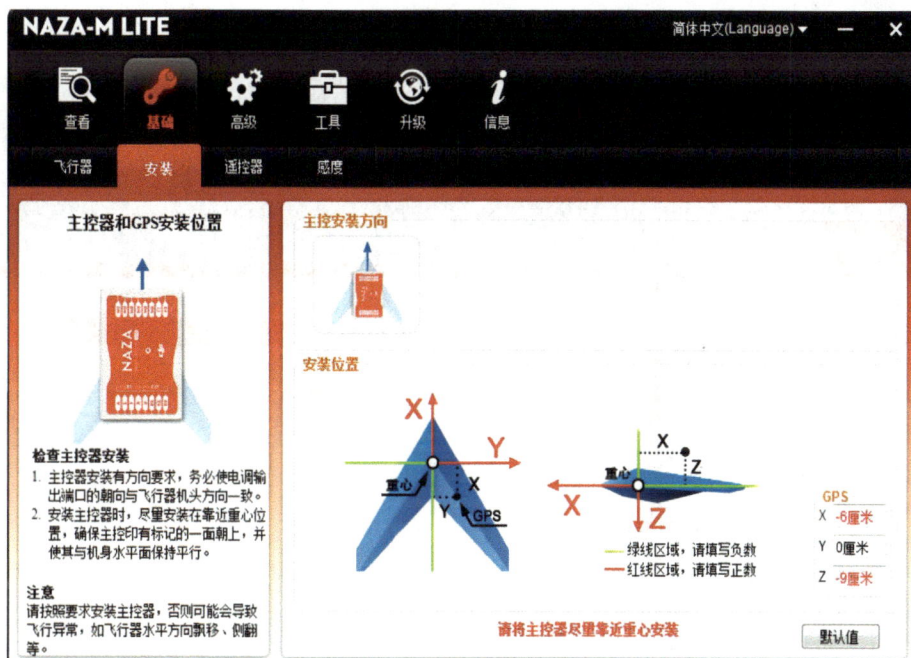

图 2.35 GPS 设置界面

第三步，设置遥控器，如图 2.36 所示。首先把接收机切换为 PWM 模式，然后在软件界面中选择【接收机类型】。成功连接至接收机后，根据调试软件界面上的提示校准遥控器，并检查通道是否正常、是否反向、控制模式切换是否顺利。

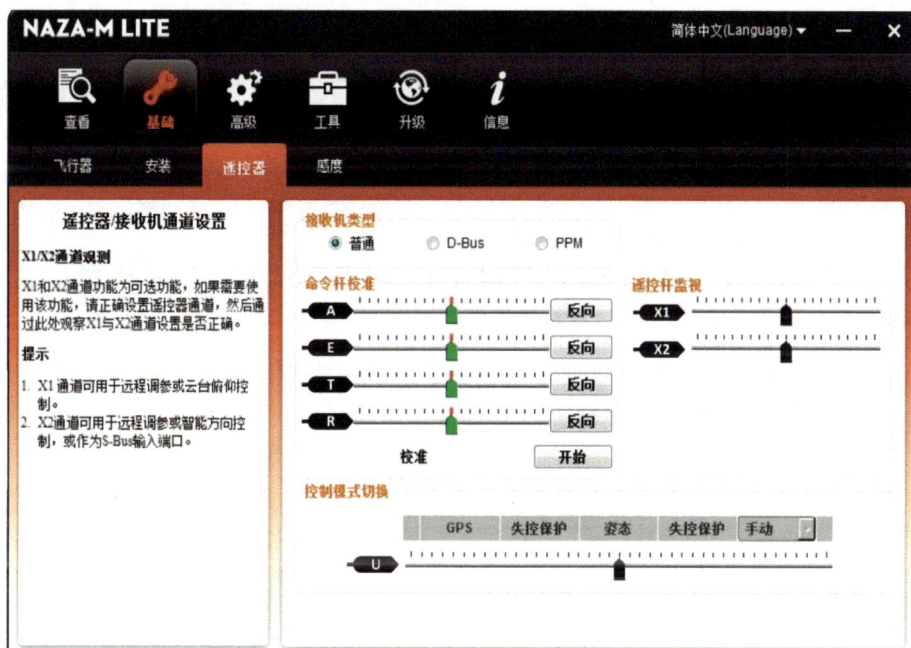

图 2.36 遥控器设置界面

第四步,设置马达,如图 2.37 所示。【马达怠速速度】指电机在启动后的最低转速。

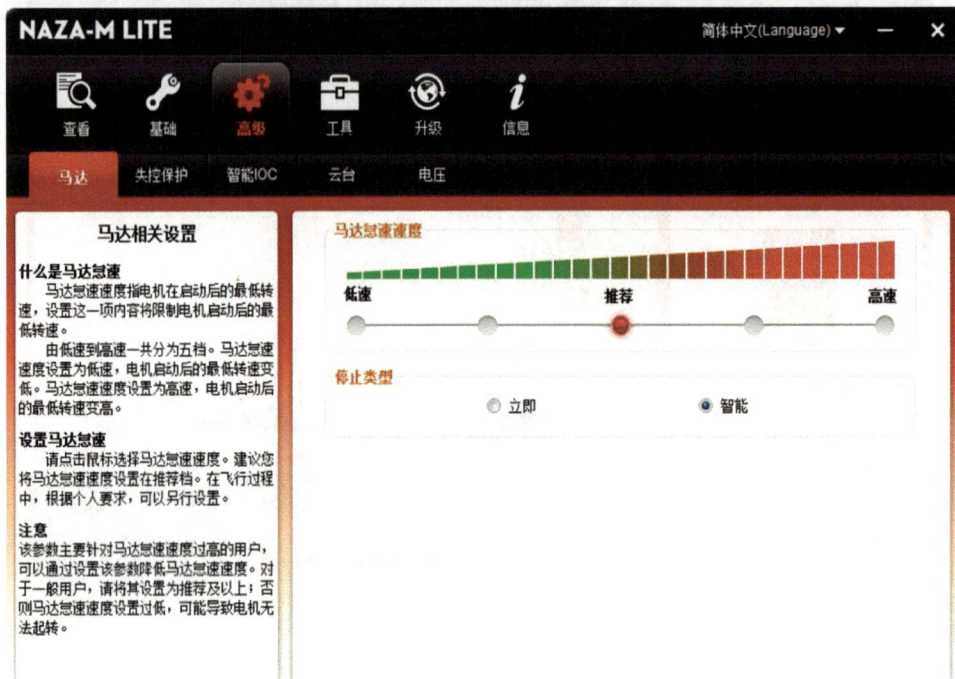

图 2.37　马达设置界面

第五步,设置失控保护。在任何控制模式下,当主控失去控制信号时,该方式会被触发。信号丢失的情况有以下两种:

①遥控器和接收机之间的信号丢失,比如飞行器在遥控器通信范围之外或遥控器故障等。

②主控和接收机之间通道中的一个或一个以上连接断开。这种情况如果发生在起飞前,则推油门杆后电机不会起转;如果发生在飞行过程中,则失控保护模式被触发,LED 将闪黄灯报警。

可以选择的失控保护方式有【自动下降】和【自动返航降落】,如图 2.38 所示。

【自动下降】:无人机悬停 6 s 后降落。

【自动返航降落】:在无人机起飞前主控找到 6 颗或更多的卫星 8 s 后,第一次推动油门杆时自动记录的当时飞行器位置为返航点。

图 2.38 失控保护设置

第六步,设置电压保护,如图 2.39 所示。【当前电压】会在接上动力电池并将主控和电脑连接后显示。如果调参软件显示的当前电压与使用电压计测得的电池电压不同,则需要进行电压校准。点击【校准】按钮,在弹出的对话框中的【校准栏】内填入测得的电压值,然后点击【确定】。

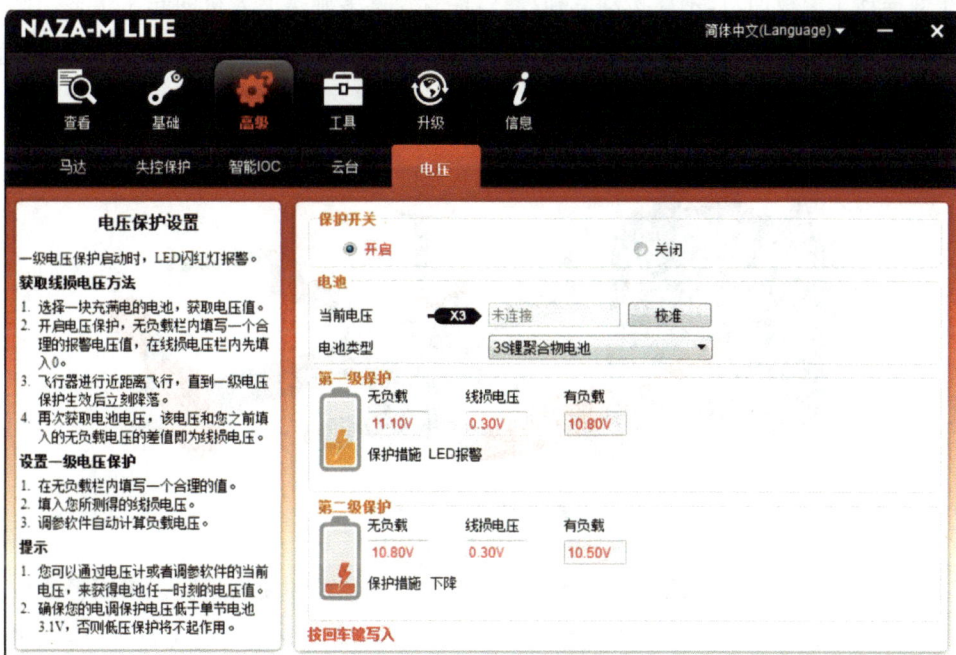

图 2.39 电压保护设置

第七步，校准指南针。在手动模式与 GPS 姿态模式之间来回快速切换控制模式开关 6~10 次，LED 指示灯黄灯常亮。水平方向旋转飞行器（约 360°），直至绿灯常亮，然后进入下一步。垂直方向（机头朝下）旋转飞行器（约 360°）直至绿灯熄灭，完成校准。指南针校准示意如图 2.40 所示。

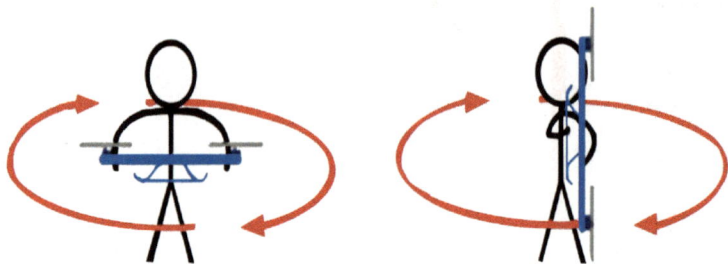

图 2.40　指南针校准示意图

指南针校准时注意：勿在强磁场区域或大块金属附近校准，如磁矿、停车场、带有地下钢筋的建筑区域等；勿随身携带如钥匙、手机等铁磁物质。如果校准成功，而将飞行器放回地面后状态指示灯变回红黄灯交替闪烁，表示地面下可能有钢铁类的物质影响了指南针，应将飞行器转移到其他的位置放置。如果校准失败，飞行器状态指示灯将红灯闪烁，这时应重新校准。

第八步，测试飞行。如图 2.41 所示，微型实训多旋翼无人机组装完成并确认一切正常后，就可以接通电源，打开遥控器开关，等待遥控器与遥控接收机连接。解锁飞控板后，将油门保持最低，缓慢推动飞控板油门，不要拨动其他摇杆，注意观察多旋翼无人机的起飞状态。如果出现较大的偏斜，应马上拉下油门，避免出现意外，并且锁定飞控板、断开电源，然后检查问题所在。排除问题后重新开始测试。

图 2.41　测试飞行

测试油门控制无误后，在调试架上测试遥控器在其他通道的使用情况。来回轻微地拨动摇杆，测试无人机是否可以按照指令完成相应的飞行。若不能完成相应的飞行，则需要缓慢拉下飞控板油门，使无人机平稳着陆，然后锁定飞控板，断开电源，解决发现的问题。

任务 评价

评价模块	评价内容	得分
知识模块 （30%）	复述主控器的连接内容与方法（9分）	
	复述微型实训多旋翼无人机的调试内容（12分）	
	熟知微型实训多旋翼无人机的调试步骤（9分）	
技能模块 （50%）	正确设置飞行器类型（5分）	
	正确设置GPS安装位置与方向、遥控器通道、接收机类型（20分）	
	正确设置马达怠速的速度（10分）	
	正确设置失控保护模式和电池电压保护设置（15分）	
素养模块 （20%）	无人机调试操作步骤正确，操作规范（10分）	
	按要求步骤进行各项任务实施（10分）	
总分		

扩展 阅读

民用无人机领域首项强制性国标发布

国家市场监管总局（标准委）日前发布《民用无人驾驶航空器系统安全要求》强制性国家标准，该标准将于2024年6月1日实施。

近年来，全球民用无人驾驶航空器（俗称"民用无人机"）产业高速发展，由于其操作简便、快速灵活，广泛应用于农业、林业、电力、气象、海洋监测、遥感测绘、物流、应急救援等领域，但同时由于其易改装、难防范，容易出现"黑飞""乱飞"现象，给国家安全、公共安全造成一定的影响。此前，民用无人机产品缺少统一的质量安全标准，少数企业的产品设计不合理，带来一定的安全风险。

此次发布的标准是中国民用无人机领域首项强制性国家标准，适用于除航模之外的微型、轻型和小型民用无人机。标准提出了电子围栏、远程识别、应急处置、结构强度、机体结构、整机跌落、动力能源系统、可控性、防差错、感知和避让、数据链保护、电磁兼容性、抗风性、噪声、灯光、标识、使用说明书等17个方面的强制性技术要求及相应的试验方法。

作为《无人驾驶航空器飞行管理暂行条例》的配套支撑标准，该标准可以有效指导研制单位设计生产、规范检测机构合规检测和保障使用者安全使用，有利于进一步筑牢民用无人机产品安全底线，贯彻民用无人机管理要求，促进民用无人机产业健康发展。

中国民用无人驾驶航空器市场正进入快速发展期。为促进产业健康发展,2018 年起,工业和信息化部会同国家标准委组织研究制定《无人驾驶航空器系统标准体系建设指南》并定期更新,最新版指南于 2021 年发布。该指南规划了包括《民用无人驾驶航空器系统安全要求》在内的国际标准 13 项、国家标准 37 项、行业标准 24 项,目前已发布国际标准 5 项、国家标准 22 项、行业标准 13 项。

资料来源:学习强国

项目三 多旋翼航摄无人机组装与调试

项目描述

无人机组装是按照规定的技术要求，将若干零件结合成部件，以及将若干零件或部件结合成产品的过程。组装过程是保证产品质量、制造准确度的重要环节，影响产品技术经济性能和使用性能。无人机组装方法的科学性、工艺的合理性，都会影响无人机的气动性能、强度和可靠性。

多旋翼无人机内部结构相对简单，组装内容主要包括机体、动力系统、飞控系统、遥控装置及任务载荷等。将机架、飞控系统、动力系统和通信系统等多旋翼无人机硬件组装后，为了实现无人机的良好飞行及功能要求，还必须进行合理的调试。调试工作关系着飞行性能与安全。

项目导图

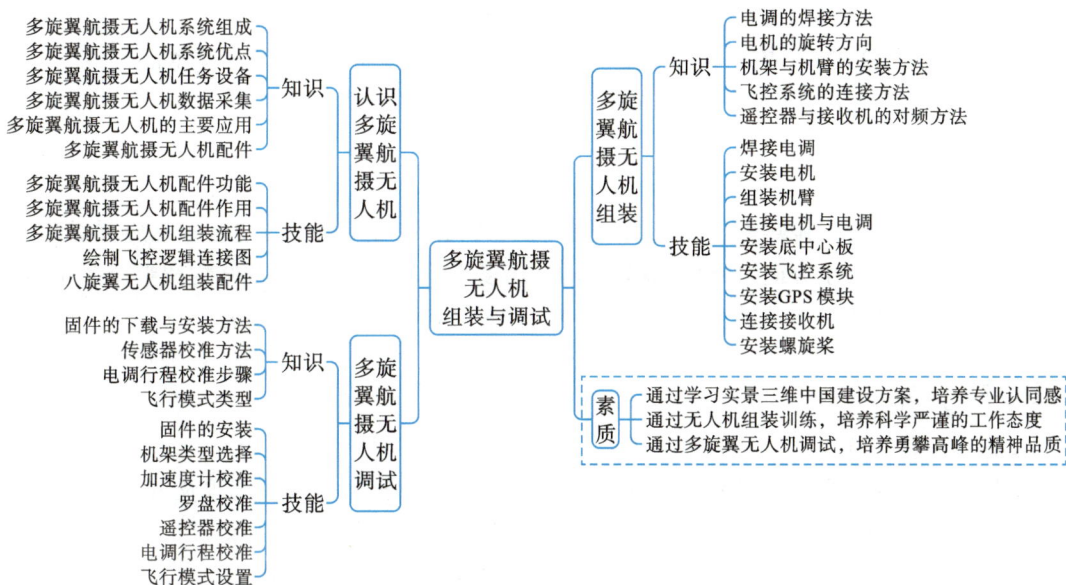

▶ 任务一　认识多旋翼航摄无人机

学习目标

一、知识目标

(1) 了解多旋翼航摄无人机的系统组成与优点。

(2) 了解多旋翼航摄无人机通信链路。

(3) 了解多旋翼航摄无人机任务设备。

(4) 了解多旋翼航摄无人机的数据采集流程。

(5) 熟悉待组装的多旋翼航摄无人机结构组成。

(6) 熟悉多旋翼航摄无人机的组装顺序和流程。

二、能力目标

(1) 能够正确选择要组装的无人机工件与工具设备。

(2) 能够按照要求正确列出待组装多旋翼无人机配件清单。

(3) 能绘制多旋翼航摄无人机的组装流程。

(4) 能按要求准备多旋翼航摄无人机的机身主体配件和动力设备。

(5) 能按要求准备多旋翼航摄无人机的导航飞控系统和地面遥控系统。

三、素质目标

(1) 通过认识多旋翼航摄无人机配件,培养自主创新意识与职业素养。

(2) 通过绘制 APM 飞控逻辑连接图,培养较强的安全、质量、效率及环保意识。

(3) 通过小组协作完成任务,培养齐心协力、密切配合的团队精神。

任务分析

本任务学习多(四)旋翼航摄无人机相关知识。四旋翼无人机的结构形式是旋翼对称分布在机体的前后左右四个方向,四个旋翼处于同一高度平面,且四个旋翼的结构和半径都相同,四个电机对称地安装在飞行器的支架端,支架中间安装飞控及其他外部设备。

任务步骤

① 完成工作任务单。

② 进行多旋翼航摄无人机系统组成、通信链路、任务设备、数据采集流程及主要应用领域等方面的学习,了解和认识多旋翼航摄无人机的相关知识,完成学习笔记的记录。

③ 绘制多旋翼航摄无人机的组装顺序与流程,准备无人机组装工具。

④ 认真分析多旋翼航摄无人机的组装流程,准备和清点待组装多旋翼航摄无人机的配件。

⑤ 正确把握多旋翼航摄无人机的组装顺序和流程,完成工作实施单。

工作任务单

班级：_____　　　　　　姓名：_____

学习咨询材料，回答以下问题：

(1)多旋翼航摄无人机系统组成都包括哪些部分？

(2)多旋翼航摄无人机的通信链路包括哪些？其工作原理是什么？

(3)多旋翼航摄无人机有什么优点？主要应用在哪些领域？

(4)多旋翼航摄无人机包括哪些配件？将配件类型、名称和参数填入下表。

序号	配件类型	配件名称	参数

学习笔记

班级：_____　　　　姓名：_____

主题	
内容	问题与重点
总结	

工作实施单

班级：_____　　　　　　　　姓名：_____

绘制 APM 飞控逻辑连接图，填入下表。

飞行控制组配件	APM 飞控逻辑连接图
UBEC	

提升训练单

班级：_____　　　　　　　　姓名：_____

在以上学习基础上，写出八旋翼航摄无人机组装所需准备的实验设备与器材，并填入下表。

序号	实验设备与器材名称	型号与规格	数量	备注

咨询材料

一、多旋翼航摄无人机系统组成

多旋翼航摄无人机系统以无人机为空中数据获取平台,以机载遥感设备获取影像信息,利用摄影测量专业软件处理影像数据。多旋翼航摄无人机系统集成了遥感、微波传输、影像信息处理等新技术,包括无人机飞行平台、机载数码相机、自主巡航系统、弹射起飞架、地面站控制系统、通信数据链等组件,不仅能完成小范围高分辨率影像快速获取,也能到有人机难以到达的危险环境执行任务。

多旋翼航摄无人机系统主要由无人机(飞行器)、飞控系统、任务载荷(相机、传感器)、通信链路等组成,具有无人机姿态稳定与控制、导航与航迹控制、起飞与着陆控制、任务设备管理与控制等功能,如图3.1所示。

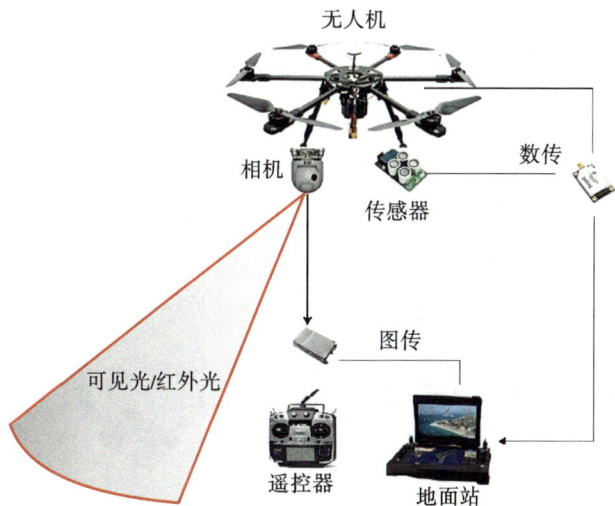

图 3.1　多旋翼航摄无人机系统组成

1.多旋翼航摄无人机通信链路

多旋翼航摄无人机通信链路是指用于多旋翼航摄无人机系统传输控制和载荷通信的无线电链路,是无人机与地面操作人员之间沟通的桥梁。通信链路的主要构成包括地面端与天空端。地面端需要将控制信号和任务指令发送到无人机(天空端),无人机则需将无人机和任务设备的状态发送到地面端(地面站)。

多旋翼航摄无人机地面操作人员不仅需要控制无人机,还需要了解无人机的飞行状态及无人机任务设备的状态,这就要求地面端能够接收天空端的数据,这类无人机需要上行链路和下行链路两条数据链路,如图3.2所示。上行链路主要完成地面端到无人机遥控指令的发送和接收,下行链路主要完成无人机到地面端的遥测数据(飞行控制)及视频图像(图传)的发送和接收,并根据定位信息的传输,利用上下行链路进行测距。数据链路的性能直接影响无人机性能的优劣。

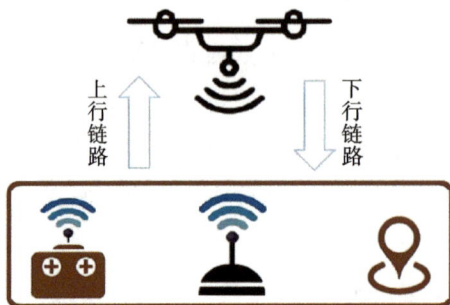

图 3.2　无人机链路系统

数传是用于飞控和地面站之间数据传输的超视距链路设备,由一对发送端、接收端设备构成。与地面站相连接的叫地面端,与无人机相连接的叫天空端,天空端较小,而地面端较大,如图 3.3 所示。

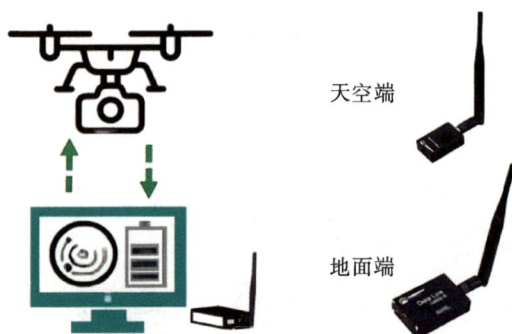

图 3.3　数传设备的地面端与天空端

民用无人机通信链路的地面终端硬件一般会被集成到控制站系统中,称作地面电台,部分地面终端有独立的显示控制界面。视距内通信链路的地面天线采用鞭状天线、八木天线和自跟踪抛物面天线,需要进行超视距通信的控制站还会采用固定卫星通信天线。

2. 多旋翼航摄无人机飞控系统

Ardu Pilot Mega 自动驾驶仪(APM 自驾仪)是一款非常优秀而且完全开源的自动驾驶控制器,可应用于固定翼、多旋翼无人机,无人直升机,无人地面车辆等,同时还可以搭配多款功能强大的地面站使用。APM 飞控板正面如图 3.4 所示。

1—数传接口；2—模拟传感器接口；3—增稳云台输出接口；4—ATMEGA 2560 SPI 在线编程接口（可用于光流传感器）；5—USB 接口；6—遥控输入；7—功能选择跳线；8—GPS 接口；9—IIC 外接罗盘接口；10—ATMEGA 32U2 SPI 在线编程接口；11—多功能可配置 MUX 接口（默认为 OSD 输出）；12—电流/电压接口；13—电调供电选择跳线；14—电调输出接口。

图 3.4　APM 飞控板正面

APM 飞控具有如下性能特点：

①程序开源，并支持多种载机。其中 ArduPlane 模式支持固定翼飞机，ArduCoper 模式支持直升机与多旋翼（包括三轴、四轴、六轴、八轴等）无人机，ArduRover 模式支持地面车辆。

②人性化的图形地面站控制软件，仅通过一根 Micro USB 数据线或者一套无线数传连接，操作鼠标就可以把程序下载到控制板的 MCU 中并进行设置，无需编程知识和其他额外的硬件设备。

③地面站任务规划支持三维航点的自主飞行设置，并且只需通过鼠标在地图上进行点击操作即可。

④基于强大的 MAVLink 协议，支持双向遥测和命令实时传输。

⑤在地面站可实现任务规划、参数调整、视频显示、语音合成和飞行记录查看等。

⑥可实现自动起飞、自动降落、航点航线飞行、自动返航等多种自驾仪性能。

APM 自驾仪硬件包括以下构成：

- 核心 MCU 采用 ATMEL 的 8 bit ATMEGA2560。

- 整合三轴陀螺仪与三轴加速度传感器 MPU6000

- 高度测量采用数字空气压力传感器 MS - 5611。

- 板载 16 MB AT45DB161D 存储器及三轴磁力计 HMC5883。

- 8 路 PWM 控制输入。
- 11 路模拟传感器输入。
- 11 路 PWM 输出(8 路电调电机＋3 路云台增稳)。
- GPS 模块可选 MTK 3329 及支持 ublox 输出的 NEO－6M、NEO－7M、LEA－6H 等。
- 可屏蔽板载 PPM 解码功能(外接 PPM 解码板或 PPM 接收机)。
- 可屏蔽板载罗盘(通过 I2C 接口使用外置扩展罗盘)。
- (可选)OSD 模块,将无人机姿态、模式、速度、位置等重要数据叠加到图像上实时回传。
- (可选)空速传感器。
- (可选)电流电压传感器。
- (可选)超声波测距传感器。
- (可选)光流定点传感器。
- (可扩展)其他 UART、I2C、SPI 设备。

二、多旋翼航摄无人机系统优点

多旋翼航摄无人机系统可按需要任意设计航测路线,且具有如下优点:

1. 航摄周期短、时效性强

无人机系统升空飞行准备时间短、操作简单、运输便利,利用车载系统可迅速到达任务区附近设站;从准备航飞到获取影像周期短,可快速获取满足要求的遥感影像,影像获取后可立即处理得到航测成果。

2. 高分辨率图像和高精度定位数据获取能力

无人机能够获取超高分辨率数字影像和高精度定位数据,还可根据特殊监测目标搭载各种波段传感器进行多角度拍摄。可采集地面分辨率大于 5 cm 的影像,平面精度能够达到 1 个像素。满足《低空数字航空摄影测量内业规范》(CH/T 3003—2021)1:500、1:1000、1:2000 大比例尺成图精度要求,满足《1:500 1:1 000 1:2 000 地形图航空摄影测量内业规范》(GB/T 7930—2008)1:1000、1:2000 大比例尺成图精度要求。

3. 成本低廉、操作简单

带相机的整套无人机系统成本低,且无需专门机场调运、调配,可用小型汽车装载托运,随时下车组装;无需专业航测设备,普通民用单反相机即可作为影像获取的传感器;无人机是全天候作业的小型航测系统,系统易用性强,可单人操作;操控手经过短期培训学习即可操控无人机系统;任务程序设置好后即可自动完成起飞、航摄、降落等步骤,真正实现全自动安全使用。

4.飞行条件需求较低、受气候条件影响小

无人机航拍数据获取一般都在低空飞行,降低了对天气条件的要求;不需要专门机场和跑道,道路、操场等较开阔的平坦地面均可起降。只要不下雨、下雪,并且空中风速小于 6 级,即使是光照不足的阴天,飞机也可上天航拍。

三、多旋翼航摄无人机任务设备

任务设备按用途可分为侦察搜索设备、测绘设备、军用专用设备、民用专用设备等。常用的测绘设备有测绘雷达、航拍相机等。

1.重量控制

重量是无人机设计制造和运行中的一个重要因素,任务设备加装或更换时必须对其加以重视。升力是抵消重力和维持无人机飞行主要的力。为确保产生的升力足以抵消重力,必须避免无人机的载荷超出建议重量。如果重量比产生的升力大,则无人机不能飞行。

2.稳定性和重心

无人机的重心(CG,centre of gravity)位置对其稳定性和安全性非常重要。在结构上,重心向下和重心向上都会引起额外的阻力力矩,造成多旋翼无人机飞行不稳定。如果多旋翼无人机重心在桨盘平面下方,则会产生平行于桨盘平面的阻力,阻力形成的力矩使多旋翼无人机俯仰角减小,表现为控制迟钝;如果多旋翼无人机重心在桨盘平面上方,则阻力形成的力矩使多旋翼无人机俯仰角发散,表现为控制过于灵敏、机动性过高。需要通过反馈控制调节多旋翼无人机的平衡。因此,在组装无人机时,必须将重心靠近多旋翼无人机的中心或稍微靠下的位置,这样更容易实现稳定飞行。

3.任务设备

1)航摄相机

大疆 Phantom 4 Pro 的相机如图 3.5 所示。它采用 1 英寸(13.2 mm×88 mm)CMOS 传感器,具有 2000 万有效像素。配备 24 mm(35 mm 格式等效)低畸变广角镜头。采用蓝玻璃滤光片,能有效提升画质。标配 UV 镜片以保护镜头。拍摄照片时,支持最高 2000 万像素静态照片拍摄,支持单拍、多张连拍和定时拍摄等多种拍摄模式。录制视频时,支持高达 60 f/s 的 4K 高清视频录像,提供 4 倍于全高清分辨率的影像细节。同时支持 HEVC(H.265)和 MPEG－4 AVC(H.264)格式,并能以 100 Mb/s 的高码流实现高质量的视频录制。Phantom 4 Pro 标配

容量为 16 GB 的 Micro SD 卡（支持最高容量为 128 GB），支持相机要求快速读写高码流的视频数据。

图 3.5　大疆 Phantom 4 Pro 的一体式云台相机

2）倾斜相机

倾斜相机通过一个垂直、四个倾斜等五个不同的视角同步采集影像，可以获取到丰富的建筑物顶面及侧视的高分辨率纹理，如图 3.6 所示。它不仅能够真实地反映地物情况，高精度地获取物方纹理信息，还可通过先进的定位、融合、建模等技术，生成真实的三维城市模型，目前已经广泛应用于应急指挥、国土安全、城市管理、房产税收等行业。

相对于正射影像，倾斜影像能从多个角度观察地物，更加真实地反映地物的实际情况，极大地弥补了基于正射影像应用的不足。利用航空摄影大规模成图的特点，加上从倾斜影像批量提取及贴纹理的方式，能够有效地降低城市三维建模成本。

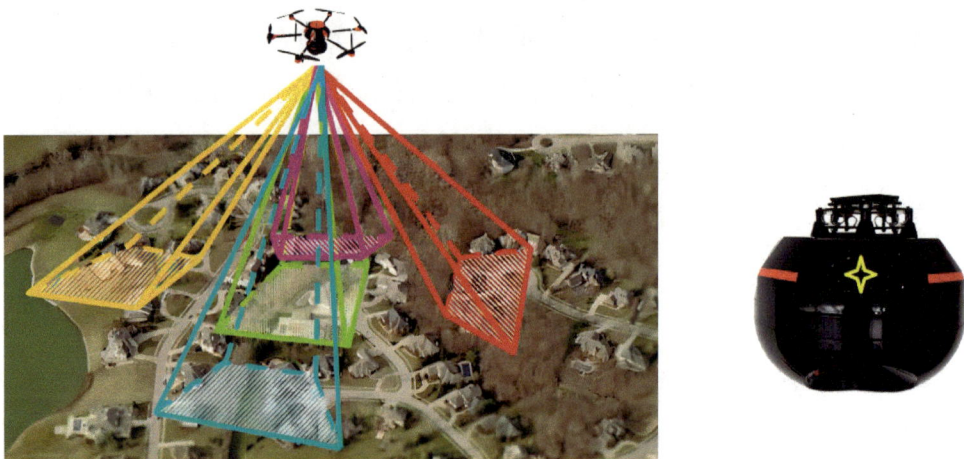

图 3.6　红鹏五镜头倾斜相机

3)激光雷达

无人机搭载激光雷达能完成对所测物体的同步测量,测量过程中获得的数据经过一系列处理可生成高密度的三维激光电源数据,直接提供所需地形的准确数据。使用无人机激光雷达系统测量可以使地面控制点的选取大大减少,测量精度也有所提高。无人机搭载激光雷达以精度一致性好、全天时作业、数据生产效率高等优势,保证了成图精度、长航时作业效率,能精准地形跟随飞行,适应复杂地形。常用激光雷达模块 DV‑LiDAR22 如图 3.7 所示,其参数如表 3.1 所示。

图 3.7　飞马 DV‑LiDAR22 激光雷达模块

表 3.1　DV‑LiDAR22 激光雷达模块参数

参数名称	参数值	参数名称	参数值
搭载平台	D20、V10	扫描角度	330°内可调
精度	5 cm	重量	5.3 kg/4.7 kg
尺寸	216 mm×384 mm×166 mm	测距模式	TOF(飞行时间)
波长	1550 nm	扫描频率	10~200 Hz
点频	50~1500 kHz	测距精度	±15 mm
传感器重量	3.5 kg	传感器尺寸	227 mm×180 mm×125 mm

四、多旋翼航摄无人机系统数据采集

航摄无人机系统数据采集的一般步骤有测区现场勘查、航摄设计、无人机航拍及快速质量评价等。由于采用了非量测型普通数码相机,无人机获取的影像像幅小、数量多,且飞行轨迹不规则,部分偏离航线较远,加之飞行姿态不稳定、镜头畸变较大、影像内部几何关系比不稳定,直接导致影像间的重叠率相差较大。

航摄无人机系统数据采集流程如图 3.8 所示。

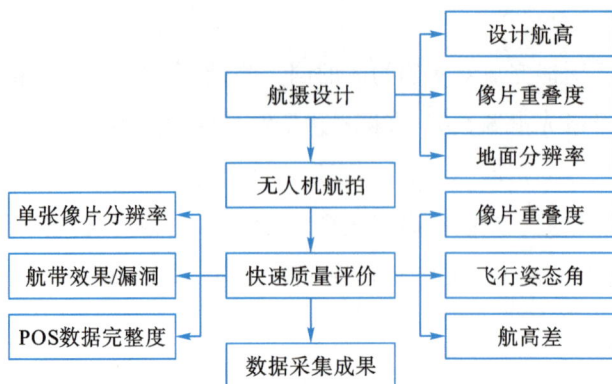

图 3.8　航摄无人机系统数据采集流程

1. 测区现场勘查

航飞前进行现场踏勘,检查测区基准面情况,确定起飞区域和降落区域没有障碍物,并确定起降点。根据作业区域的起降条件确定无人机的机型和相应的配套设备,以及无人机的运输方式。下达航拍任务书,确定团队人员组成,人员和设备到达指定拍摄区域,安装设备,并检查及调试。

2. 航摄设计

在精确航线规划中设定航高、航向、航线间距、单次航拍面积等参数,并根据需求设计拍摄清晰度,对航拍外业周期进行预测。考虑到测区内有楼房、平房、体育场、水域、道路、农田、树木等建构筑物和人工设施,为精确测定每一种地物,确定成图比例尺和地面分辨率。

重叠度是提高相片连接点的重要保障,分航向重叠度和旁向重叠度,如图 3.9 所示。重叠度大可以提高数据处理的匹配率,有利于提高成果质量;重叠度低则地物点显示在少量影像上,这样提取连接点的量会减少,导致提取的连接点平差结构弱。森林调查无人机航摄影像航向重叠度能到 $70\% \sim 85\%$,旁向重叠度达到 $35\% \sim 55\%$,但受相机姿态的影响,所拍摄影像间的预设重叠度无法得到严格保证。

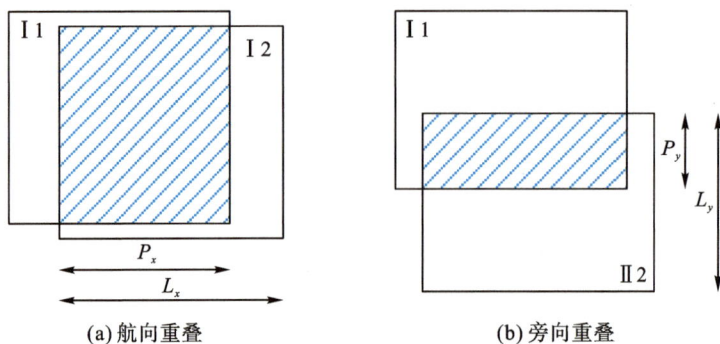

(a)航向重叠　　　　　　(b)旁向重叠

图 3.9　航向重叠度与旁向重叠度示意图

$$p_x(\%)=\frac{P_x}{L_x}\times100\%\tag{3.1}$$

式中，P_x 为航向重叠宽度，L_x 为相片航向宽度。

$$p_y(\%)=\frac{P_y}{L_y}\times100\%\tag{3.2}$$

式中，P_y 为旁向重叠宽度，L_y 为相片旁向宽度。

3.飞行姿态

由于受到各种因素的干扰，无人机航拍时必然出现姿态变化。将机头与机尾中心连线方向（即纵向）定义为 X 轴，将飞机两翼中心连线（即侧向）定义为 Y 轴，将垂直飞机机身过 X、Y 轴交点上下方向定义为 Z 轴，即可通过无人机机体与地面坐标系 xyz 的夹角，俯仰（pitch）角 θ、偏航（yaw）角 ψ、滚转（roll）角 ϕ 来描述无人机的姿态。俯仰角 θ 是机体坐标系 X 轴与水平面的夹角。当 X 轴的正半轴位于过坐标原点的水平面之上（抬头）时，俯仰角为正，否则为负。偏航角 ψ 为机体坐标系 X 轴在水平面上投影与地面坐标系 x 轴（在水平面上，指向目标为正）之间的夹角，由 x 轴顺时针转至机体 X 的投影线时，偏航角为正，即机头右偏航为正，反之为负。滚转角 ϕ 是机体坐标系 Z 轴与通过机体 X 轴的铅垂面间的夹角，机体向右滚为正，反之为负。无人机姿态角示意如图 3.10 所示。用姿态角转动法表示姿态时，按不同顺序旋转三个角所得到的姿态方位不一样，每次转动可用一矩阵表示，即姿态矩阵，可用三个姿态角构建旋转矩阵。这种按连动轴的有序旋转，其总旋转矩阵由各单独旋转矩阵依旋转顺序相乘构成，完成了像空间坐标系与地面辅助坐标系之间的转换。

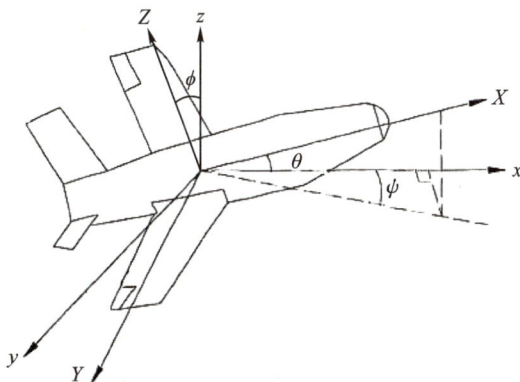

图 3.10　无人机姿态角示意图

除以上无人机的飞行姿态数据外，还有拍照瞬间的摄影中心坐标（经纬度和相对航高）、GPS 方向、地速等，统称 POS(position and orientation system，定位定姿系统)数据。POS 数据主要借助 IMU、GPS、电子罗盘、测速计、气压计等硬件组成的 POS 系统来获取，可从地面站以文本的形式导出。

4.快速质量评价

完成飞行任务后,导出相片和 POS 数据,快速检查单张相片分辨率、相片重叠度、航拍间隔、航拍漏洞、飞行姿态角、航高差等是否满足设计要求。如果各项指标均满足设计要求,单张相片清晰、色调饱满、反差适中、不偏色、没有漏洞、目视效果良好,则完成数据采集,可进行下一步航摄影像内业处理。

五、多旋翼航摄无人机的主要应用

(1)资源环境监测:高效快速获取高分辨率航空影像有利于及时对环境污染进行监测。此外,海洋监测、湿地监测、植被生态监测等也都可以利用遥感无人机拍摄的航空影像或视频数据进行。

(2)电力巡线:能够根据项目需求,快速获取航空影像,为电力选线、公路选线及铁路选线等快速提供设计数据。此外,工业无人机还可以针对石油、天然气管道进行选线设计和监测,厘米分辨率级别的航空影像和高清视频能够有效协助安全监测与管理,利用管道压力数据结合影像及时发现管道渗漏等现象。

(3)应急救灾:在滑坡、泥石流等灾害发生时,航空测绘无人机能够及时到达现场,并充分发挥机动灵活的特点,快速获取灾区的影像数据,为救灾部署及灾后重建工作的开展提供数据支撑。

(4)国土资源:应用于国土资源动态监测与调查、土地利用和覆盖图更新、土地利用动态变化监测、特征信息分析等。此外,高分辨率的航空影像还可应用于区域规划、城市管理等。

六、多旋翼航摄无人机配件

以 F450 多旋翼航摄无人机为例。该多旋翼无人机的机架配件有上盖板、下盖板、机臂、脚架、铝柱、螺丝、GPS 座、XT60 头座、螺旋桨、飞控模块、海绵脚垫等配件,如表 3.2 和图 3.11 所示。

表 3.2　配置清单表

分类	序号	名称	数量	单位	分类	序号	名称	数量	单位
无人机结构件	1	无人机机架	1	套	无人机结构件	6	动力电池	1	块
	2	无刷外转子电机	4	只		7	遥控器与接收机	1	套
	3	无刷电子调速器	4	只	工具	8	高精碳钢螺丝刀	1	把
	4	螺旋桨	4	只		9	斜口钳	1	把
	5	飞控	1	套		10	拆桨工具	1	把

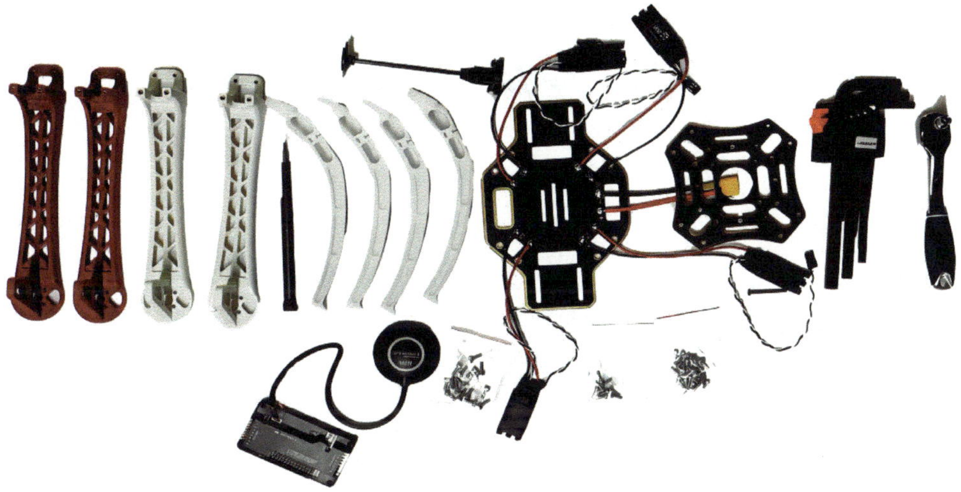

图 3.11　F450 多旋翼航摄无人机配件

任务 评价

评价模块	评价内容	得分
知识模块 （30%）	复述多旋翼航摄无人机系统组成与机身结构（10分）	
	复述多旋翼航摄无人机系统优点（10分）	
	熟知多旋翼航摄无人机主要应用（10分）	
技能模块 （50%）	绘制组装流程正确，不漏项（15分）	
	准备多旋翼航摄无人机配件正确，不漏项（20分）	
	正确选择要组装的无人机工件与工具设备（15分）	
素养模块 （20%）	态度认真，操作规范，工具使用正确（8分）	
	小组成员间默契配合，协作完成任务（7分）	
	按照计划完成各项任务实施（5分）	
总分		

任务二 多旋翼航摄无人机组装

学习目标

一、知识目标

(1)熟悉多旋翼航摄无人机机架的组装方法。

(2)熟悉多旋翼航摄无人机动力电机的安装与接线方法。

(3)熟悉电子调速器的固定和连接方法。

(4)熟悉多旋翼航摄无人机飞控的安装方法和接线方法。

(5)熟悉GPS的固定和连接方法。

二、能力目标

(1)能够正确安装多旋翼航摄无人机的机体、起落架、螺旋桨等部件。

(2)能够正确安装和连接动力电机,并确认电机转动方向。

(3)能够正确连接电子调速器接线并用扎带固定电调。

(4)能够正确安装飞控板与飞控,安装方向正确;能够正确组装任务设备,连接正确。

三、素质目标

(1)按照要求进行实训操作,培养安全生产的意识和诚实守信的良好习惯。

(2)通过多旋翼航摄无人机组装训练,培养科学严谨的工作态度和精益求精的工匠精神。

(3)以小组为单位完成实训任务,培养团结协作的合作意识。

任务分析

组装过程是保证产品质量及制造准确度的重要环节,直接影响产品技术经济性能和使用性能。多旋翼航摄无人机的内部结构相对简单,一般的组装步骤为机架组装、动力系统组装、飞控系统组装、遥控装置组装和任务载荷组装等。在不影响飞行性能的前提下,部分组装顺序也可以适当调整。组装多旋翼航摄无人机时,每完成一个部件安装都要做仔细的检查,待全部组装工作完成后,要对整机做严格的运行调试。

任务步骤

①完成工作任务单。

②进行多旋翼航摄无人机的组装学习与训练,完成学习笔记的记录。

③正确安装多旋翼航摄无人机机架与任务设备,并检查各部分连接牢靠。

④安装和连接动力电机,检查旋转方法。固定电调,正确连接电调连接线,检查各部分连接牢靠。

⑤正确安装飞控与GPS,正确连接飞控连接线与GPS连接线。

⑥核对完成结果,完成工作实施单的表格填写。

工作任务单

班级：＿＿＿＿＿＿＿＿　　　　　　　　姓名：＿＿＿＿＿＿＿＿

学习咨询材料，实操组装多旋翼航摄无人机，回答以下问题：

(1)多旋翼航摄无人机的机头、飞控、GPS 的组装方向分别指向哪里？

(2)电调焊接的顺序是什么？焊接时需要注意什么？

(3)简述四旋翼 X 模式与 APM 飞控输出端的连接方法和电机旋转顺序。

(4)列举与 APM 飞控相连接的部件名称与规格，填入下表。

序号	部件名称	部件规格	注释
参考图			

学习 笔记

班级：_____　　　　　　姓名：_____

主题	
内容	问题与重点
总结	

工作 实施单

班级:＿＿＿＿＿＿＿　　　　　姓名:＿＿＿＿＿＿＿

学习咨询材料,练习多旋翼航摄无人机组装,填写下表。

序号	配件名称	组装要点	注释

提升 训练单

班级:＿＿＿＿＿＿＿　　　　　姓名:＿＿＿＿＿＿＿

多旋翼航摄无人机有哪些任务设备? 写出你熟悉的相机参数与相机调试要点,并填入下表。

序号	任务设备名称	设备型号规格	任务设备调试要点

咨询材料

以 F450 航摄无人机为例。F450 航摄无人机机体结构包括航摄无人机主体、起落架、USB 连接线、相机、螺旋桨、电机等部件。

一、焊接电调

准备 4 块动力系统 20A 电调，把电调焊接到中心板上。焊接时，接线口红正黑负，电调背面须朝上，确保焊点牢固且不出现短路，如图 3.12 所示。

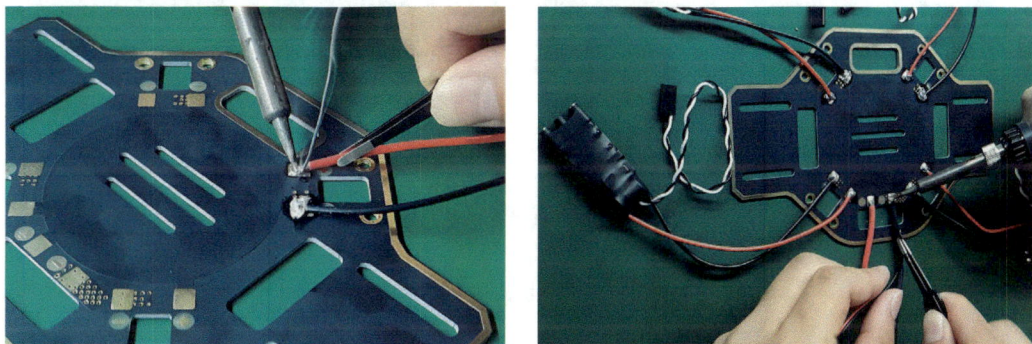

图 3.12　电烙铁焊接无人机电调

用 XT60 公头焊接电源线接头，焊接时注意接头上的＋、一接口对应红线与黑线，剥线长度宜刚好插入 XT60 接口。用 14AWG 软硅胶电源线，剥线长度刚好够焊接到板上即可，剥线时不要破坏红色电源线的硅胶层，以免造成短路。将电源管理模块电源线焊接至底板电源焊盘上，电源管理模块的红黑线焊接至电源焊盘的红黑线接口处，如图 3.13 所示。

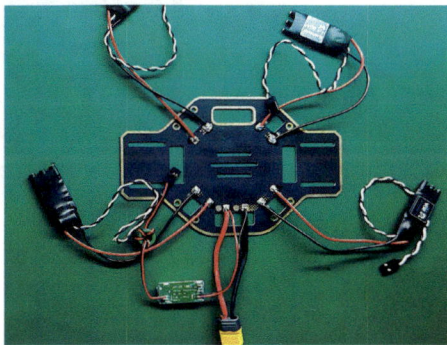

图 3.13　焊接电源线

焊接完成后，检查是否有漏焊虚焊，再用万用表测试各个焊点是否短路。

二、安装电机

将接线端子（香蕉头）用纸巾包裹好，夹在老虎钳上。用纸巾包裹的目的是防止焊锡丝里面的松香熔化后流到插头部分造成接触不良。焊接时先将焊锡丝熔入香蕉头内并填满，然后再插入电机线。焊接好并待冷却后，用手拖拽测试是否牢固。确认没有问题，就可以将热缩管套在电机线上，用热风枪吹烤包裹部分，使其包裹住电机线。

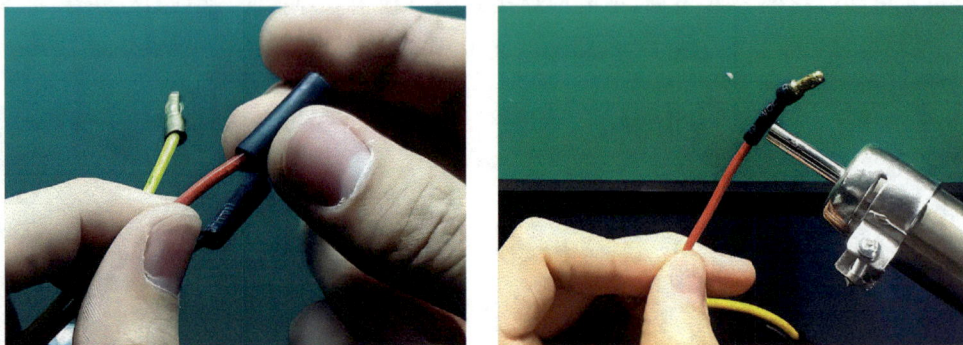

图 3.14 电机线安装热缩管

使用的 16 颗内六角螺丝型号为 M3×8（直径 3 mm，长度 8 mm），2312 电机 CW、CCW 各 2 个。将 4 颗螺丝插入电机孔位中，将管夹插入至长螺丝中，将电机座插入管夹下方，用螺母固定紧，如图 3.15 所示。

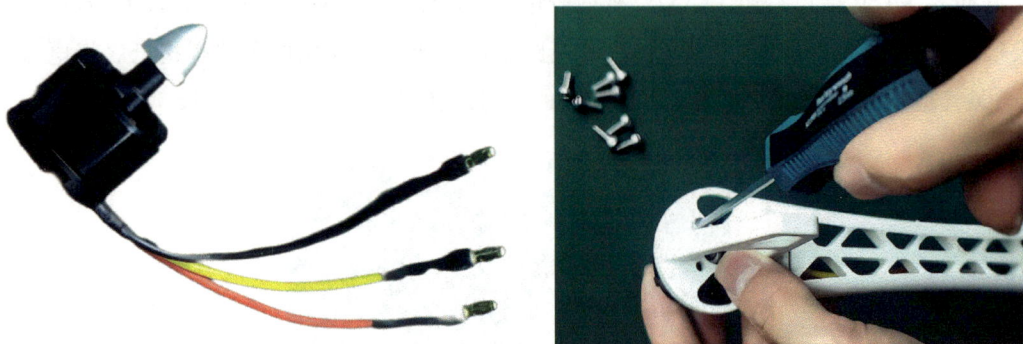

图 3.15 在电机座上固定电机

三、组装机臂

将电机装到机臂上。（装螺丝时先拧对角，拧入 2/3 深度后拧其余两颗，再逐一拧紧。）电机线头朝着机臂方向，红色机臂、白色机臂各一组，如图 3.16 所示。

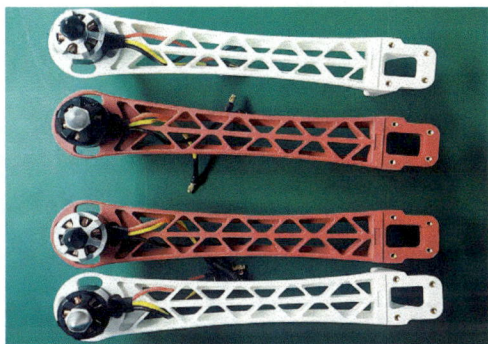

图 3.16 装好的机臂

四、连接电机与电调

以红接 U、黑接 W、黄接 V 的方式连接电机黄、红、黑 3 根接线和电调 U、V、W 3 个接线柱,如图 3.17 所示。如果电机旋转方向出现错误,任意调换 2 根连接线即可。

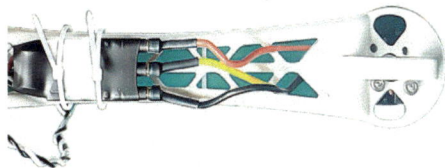

图 3.17 连接电机和电调

五、安装底中心板

安装机身下板(底中心板)。拧螺丝的力度要适度,以免拧坏螺丝。先拧对角螺丝,拧至2/3深度,全部拧完后逐一拧紧,如图 3.18 所示。

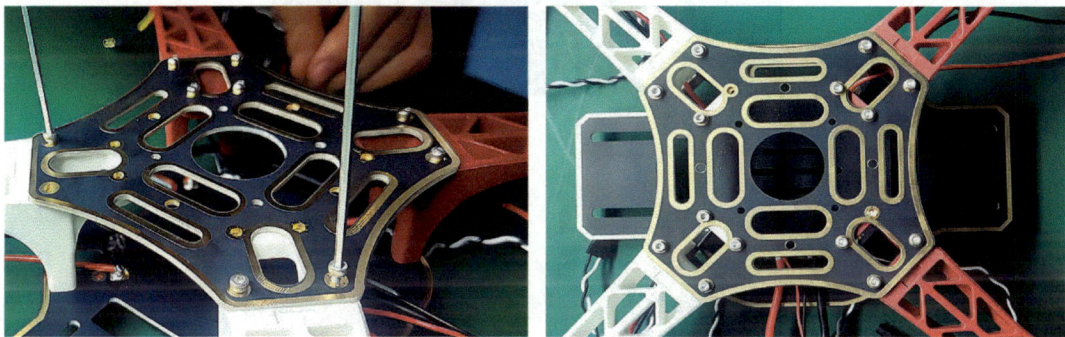

图 3.18 安装底中心板

先确定机头方向,在机头方向的 M1 为 CCW、M3 为 CW,M2 为 CCW、M4 为 CW。电源线正对前方是机头,机头方向与 GPS 和主控器正中心指向方向一致,如图 3.19 所示。

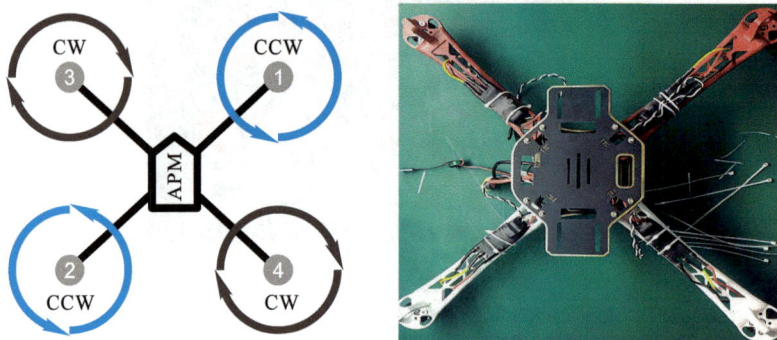

图 3.19　组装无人机的机头方向与电机转向

六、安装飞控系统

APM 飞控包括主控器、电源管理模块(PMU)、GPS 及其支架、LED 指示灯、舵机线等。在底中心板上安装 APM 主控器,如图 3.20 所示。使用 3M 双面胶固定主控器,并使其与飞行器机身水平面保持平行。主控器电调输出端应朝向飞行器正前方,并尽量将其安装在飞行器底板中心。确保主控器的所有端口不被遮挡,便于布线后连接电脑进行调参。确保各接线无误后,用扎带扎好舵机线。

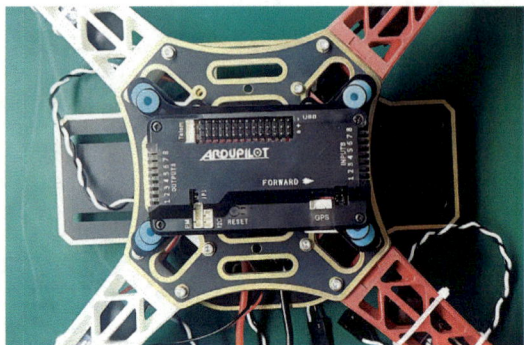

图 3.20　飞控安装

七、安装 GPS 模块

把 GPS 底座安装在 M4 机臂螺丝孔上,如图 3.21 所示。首先,使用 502 胶水组装 GPS 碳杆支架;其次,把 GPS 底座安装在飞行器的上中心板 M4 机臂螺丝孔上(提示:在安装上中心板时就可以把 GPS 底座安上);再次,用 3M 双面胶把 GPS 固定在支架的顶盘上(注意:支架置于至少远离螺旋桨 1 cm 处）；然后，将 GPS 盖上箭头标记指向飞行器机头的正前方，固定；最后，将 GPS 接线口接到主控器 EXP 接口处。拧螺丝时，力度要适中，先拧至 2/3 深度处，然后再逐一拧紧。

注意：GPS 指南针模块为磁性敏感设备，应远离所有其他电子设备。

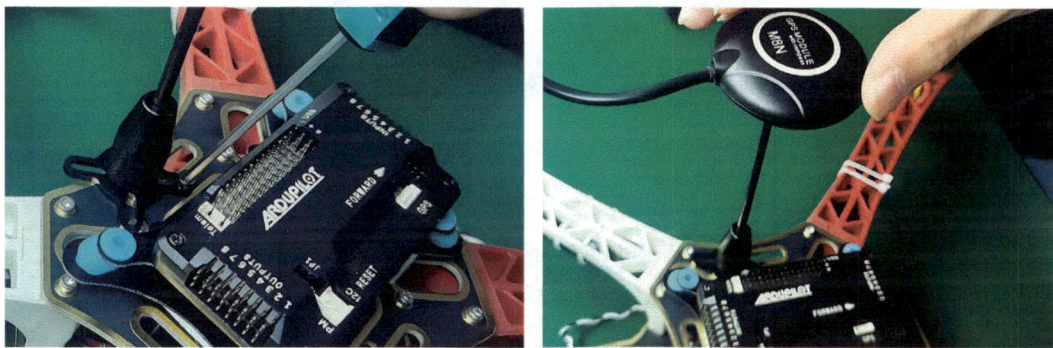

图 3.21　GPS 安装

将 LED 安装在 M3 机臂处，用 3M 双面胶固定好，将接线口接到主控器 LED 接口处，再将多余的 GPS 和 LED 线用扎带捆好，并且把电调用扎带固定好。

八、连接接收机

PWM 接收机的通道 1～5 对应连接飞控 INPUTS 的 1～5 通道（通道 1：横滚；通道 2：俯仰；通道 3：油门；通道 4：偏航；通道 5：飞行模式切换），如图 3.22 所示。

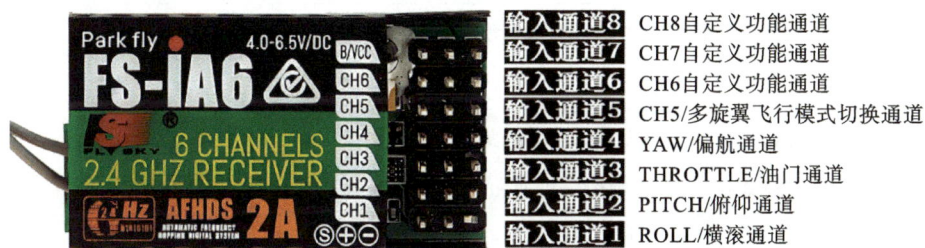

图 3.22　PWM 接收机通道说明

PPM 接收机开启 PPM 输入模式。短接电路板背后焊盘，需要在安装飞控前打开飞控焊接。连接接收机与主控器时，从 FS-iA6 接收机 6 个端口接主控器输入端口，切记一一对应。将 M1～M4 电调上的信号线连接到主控器输出端，必须一一对应，如图 3.23 所示。

图 3.23　PWM 接收机接线

至此,四旋翼无人机组装完成,如图 3.24 所示。

图 3.24　四旋翼无人机组装完成图

任务评价

评价模块	评价内容	得分
知识模块 (30%)	复述多旋翼航摄无人机的飞控连接内容与方法(9 分)	
	复述多旋翼航摄无人机的组装内容(12 分)	
	熟知多旋翼航摄无人机的组装步骤(9 分)	
技能模块 (50%)	正确焊接电调,正确组装机架和机臂(15 分)	
	正确安装电机与电子调速器(15 分)	
	正确组装飞控、GPS 设备、接收机(15 分)	
	正确安装螺旋桨(5 分)	
素养模块 (20%)	无人机组装工具使用正确、操作规范(10 分)	
	按要求步骤进行各项任务实施(10 分)	
总分		

◆ 任务三　多旋翼航摄无人机调试

学习目标

一、知识目标

(1)了解多旋翼航摄无人机调试内容与步骤。

(2)熟悉 APM 飞控的调试方法与调试注意事项。

(3)熟悉 APM 飞控各项参数的设置方法。

(4)熟悉多旋翼航摄无人机调试的电调行程校准方法。

(5)掌握多旋翼航摄无人机调试的罗盘校准方法。

(6)掌握多旋翼航摄无人机调试的遥控器校准方法。

二、能力目标

(1)能够正确安装和配置地面站软件。

(2)能够正确操作电调行程校准。

(3)能够正确操作并校准遥控器。

(4)能够完成飞行模式设置和故障保护等参数设置。

(5)能够完成任务设备参数设置。

(6)能够对任务设备进行测试,确保工作正常。

三、素质目标

(1)通过多旋翼航摄无人机调试,培养探索未知、勇攀高峰的精神品质。

(2)严格按照要求完成任务,培养职业素养。

任务分析

多旋翼航摄无人机硬件组装完成后,为了实现无人机的良好飞行性能,必须进行合理的调试工作。无人机调试的方法主要有无桨调试和有桨调试。无桨调试是在不安装螺旋桨的状态下进行通电测试,检查飞控、电调和电机是否正常通电,遥控器与飞机的连接是否正常,各个通道是否能有效控制无人机,电机转动方向是否正确等。

任务步骤

①完成工作任务单。

②进行多旋翼航摄无人机调试的学习,掌握调试步骤与各项参数的设置方法,完成学习笔记的记录。

③进行电调行程校准;确定电机转动方向。

④进行遥控器行程校准和罗盘校准。

⑤进行任务设备参数设置,并对任务设备进行测试。

⑥核对无人机调试工作,完成工作实施单。

工作任务单

班级：_____　　　　　　姓名：_____

学习咨询材料，回答以下问题：

（1）罗盘校准如何进行？有哪些步骤？

（2）写出任务设备校准的详细步骤。

（3）什么是电调行程校准？请写出详细校准步骤。

（4）多旋翼航摄无人机每次作业前，必须确认相机工作模式，并对相机进行相关参数设置。填写下表，写出相机参数设置内容及详细步骤。

相机型号	相机参数设置内容	相机参数设置步骤

学习 笔记

班级：_____ 姓名：_____

主题	
内容	问题与重点
总结	

工作实施单

班级：_____　　　　　　　姓名：_____

　　加速度计是用于测量当前系统中加速度数值的传感器，可以分别测量 X、Y、Z 三个轴的加速度值。在下表中填入加速度计校准步骤及机头转动方向。

操作步骤	机头方向	操作步骤	机头方向	注释

参考图

飞控正面朝上

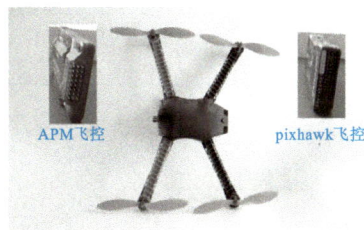
飞控左边朝下垂直立起

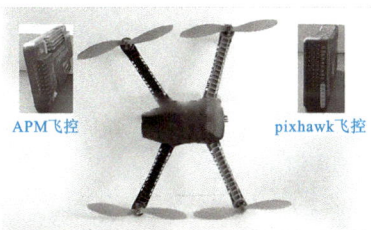
飞控右边朝下垂直立起

飞控头朝下

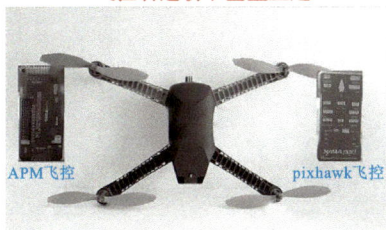
飞控头朝上垂直立起

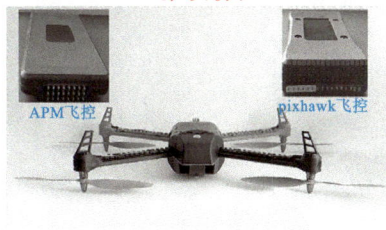
飞控正面朝下

提升 训练单

班级：_____   姓名：_____

多旋翼航摄无人机调试时，可以在地面站软件上进行遥控器校准。请选择一种常用遥控器类型，将其校准步骤填入下表。

地面站软件的遥控器校准	遥控器校准步骤

咨询 材料

一、固件安装

APM飞控调试使用Mission Planner地面站软件,安装运行它需要有.NET Framework 4.0组件支持。所以在安装地面站软件之前,要先安装.NET Framework 4.0,再下载安装Mission Planner。软件安装过程中会同时安装APM的USB驱动。

双击下载的MSI文件,点击【Next】开始安装,在安装过程中弹出设备驱动程序安装向导时点击【Next】,接着勾选【I accept the terms in the License Agreement】后点击【Next】,如图3.25所示。

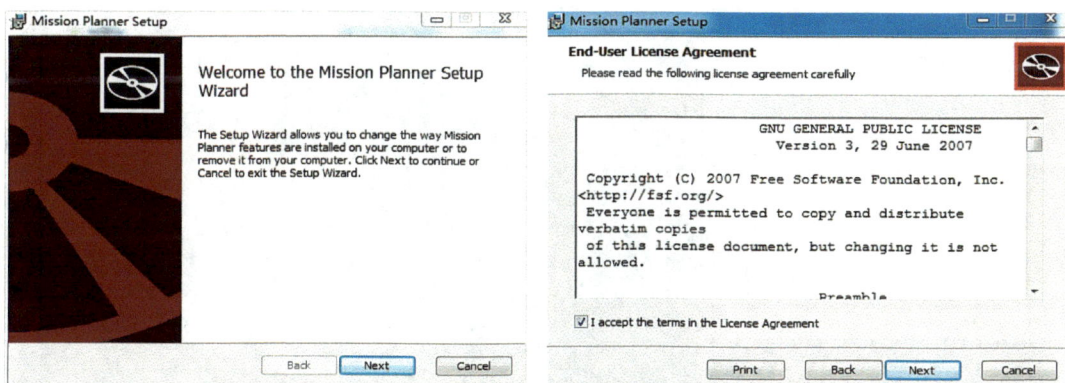

图3.25 地面站软件安装界面

设置地面站程序安装位置,此处选择默认路径,点击【Next】,安装过程需要等待一段时间。安装过程中,会同时提示安装APM的USB驱动,点击【下一步】安装驱动,驱动安装完成后点击【完成】,如图3.26所示。

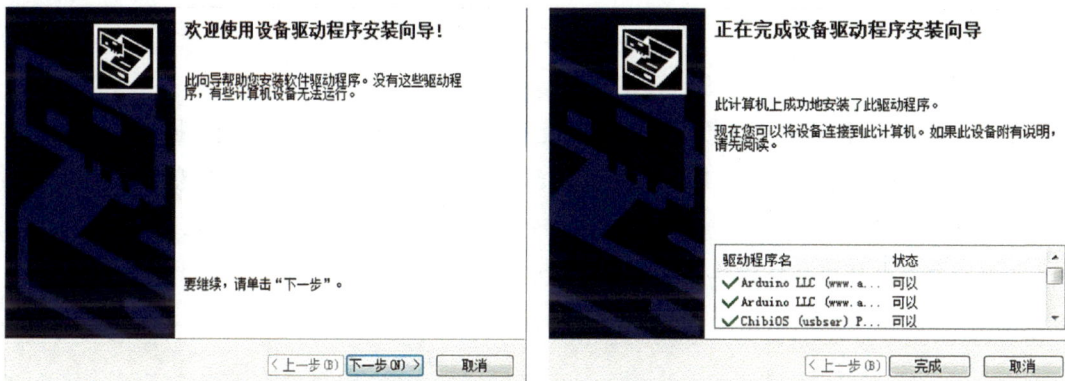

图3.26 驱动程序安装界面

APM 飞控拿到手后首先要刷固件。虽然新购买的 APM 带固件，但未必是符合要求的固件，所以需要学会刷新的 APM 固件。安装固件前，先使用 USB 线连接 APM，确保计算机能够识别 APM 的 COM 端口（串口）。

打开地面站软件，如图 3.27 所示，在其主界面右上方的端口处选择对应的 COM 端口，波特率选择 115 200。无须点击【连接】按钮，固件安装过程中，程序会自行连接。选择【初始设置】菜单下【安装固件】，窗口右侧自动下载最新版本固件，并以图形显示固件名称及固件对应的飞机模式。只需在对应飞机模式的图片上点击选择，Mission Planner 地面站软件就自动下载该固件，自动连接 APM，并自动完成写入程序、校验程序、断开连接等一系列操作。如果要使用历史版本的固件，可以点击【安装固件 Legacy】→右下角【选择以前的固件】，从下拉框中选择需要的固件即可。

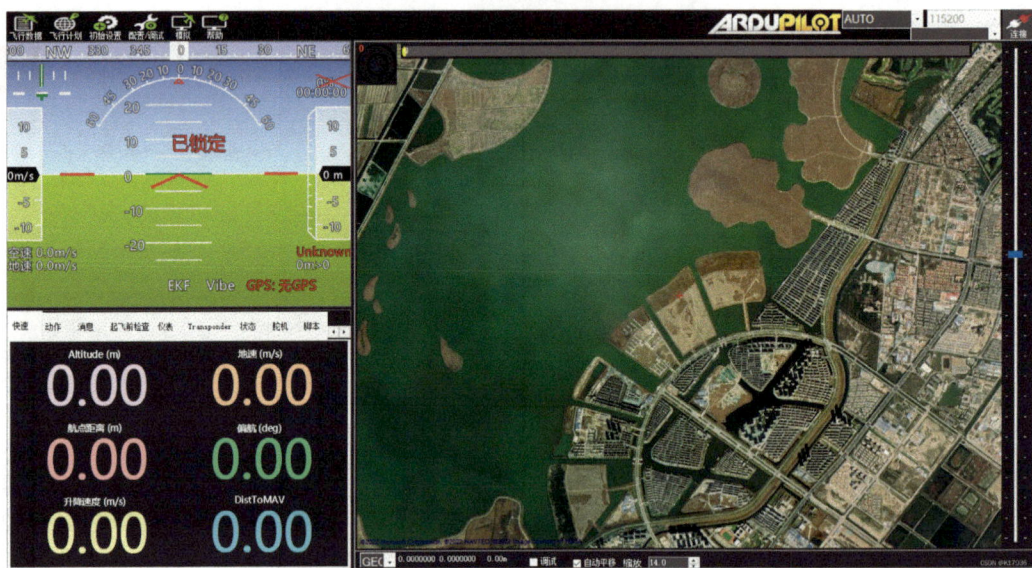

图 3.27　Mission Planner 地面站软件主界面

二、机架类型选择

固件安装成功后，连接 APM，可查看实时运行姿态与数据，同时需要做遥控输入校准、加速度校准、罗盘校准等工作。选择飞行器串口连接的端口号和波特率（需要计算机通过 USB 连接飞控后才会显示对应的端口号，波特率一般选择 115 200）。设置机架类型时，根据待调试无人机的类型选择相应的机架的布局图片，如图 3.28 所示。

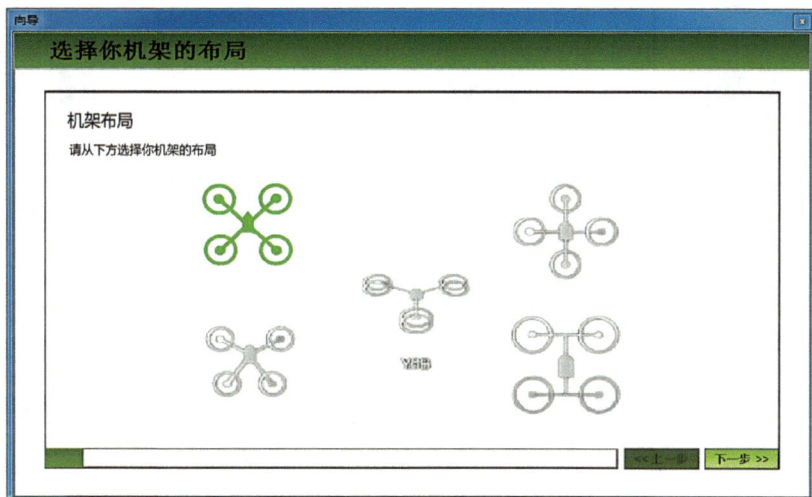

图 3.28　选择机架类型

三、加速度计校准

加速度计是用于测量系统加速度数值的传感器,可以分别测量 X、Y、Z 三个轴的加速度值,常见型号有 MPU6000 和 MPU9250 等。MPU6000 有 3 轴加速度计和 3 轴陀螺仪,MPU9250 除包括 3 轴加速度计和 3 轴陀螺仪之外,还有 3 轴磁罗盘用于测量 3 轴的磁场强度。打开 Mission Planner 地面站软件并连接 APM,点击【初始设置】→【加速度计校准】→【校准加速度计】,即可开始加速度计的校准。

点击【校准加速度计】会弹出【Place APM level and press any key】提示框,此时把 APM 水平放置,点击任意键继续;完成第一个水平校准动作并按任意键继续后,就会出现第二个动作的提示【Place APM on its LEFT side and press any key】,把 APM 左边向上垂直立起后,按任意键继续;第三个动作提示【Place APM on its RIGHT side and press any key】,把 APM 右边向上垂直立起后,按任意键继续;第四个动作提示【Place APM nose DOWN and press any key】,把 APM 机头向下垂直立起后,按任意键继续;第五个动作提示【Place APM nose UP and press any key】,把 APM 机头向上垂直立起后,按任意键继续;第六个动作提示【Place APM on its BACK and press any key】,把 APM 背部向上水平放置后,按任意键继续,如图 3.29 所示。弹出【Calibration successful】提示后,说明加速度计校准完成。

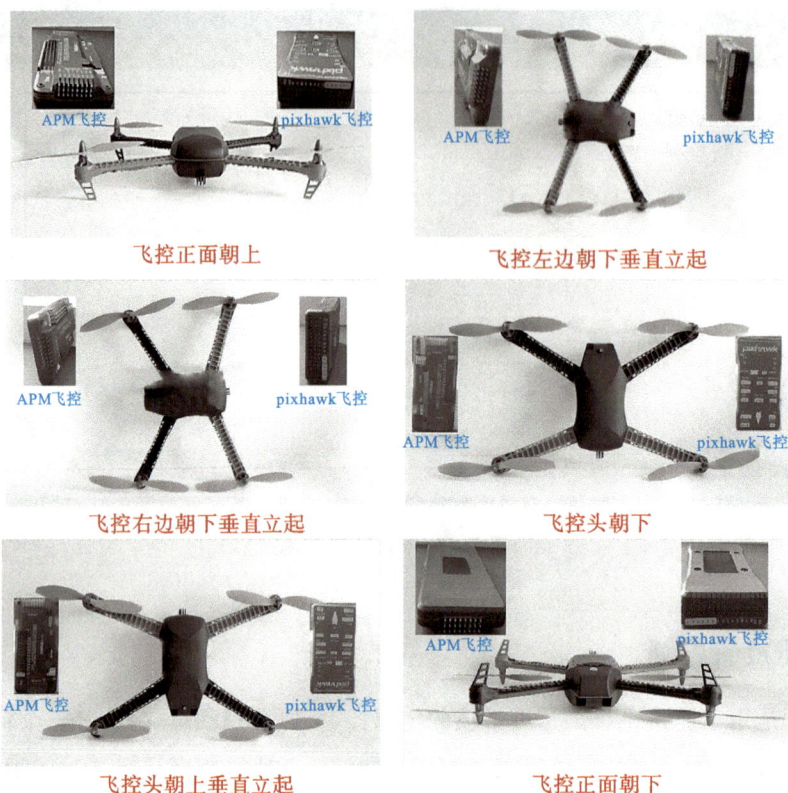

飞控正面朝上　　　　　　　飞控左边朝下垂直立起

飞控右边朝下垂直立起　　　　　　飞控头朝下

飞控头朝上垂直立起　　　　　　飞控正面朝下

图 3.29　加速度计校准动作

四、罗盘(指南针)校准

罗盘校准与加速度校准在同一级菜单下,点击【初始设置】→【指南针】,选择【启用指南针】和【自动获取磁偏角】。选择罗盘类型后,点击【校准】,弹出提醒菜单,在 60 s 内转动 APM 飞控,每个轴至少转一次,即俯仰 360°、横滚 360°、水平原地自转 360°各一次。罗盘校准界面如图 3.30所示。

在转 APM 的过程中,系统不断记录罗盘传感器采集的数据,samples 数据量会不断累加,60 s 之后会弹出一个数据确认菜单,点击【OK】保存并完成罗盘校准。如果 samples 数据没有变化,应检查罗盘是否正确连接。如果是外置罗盘,则需禁用内置罗盘。

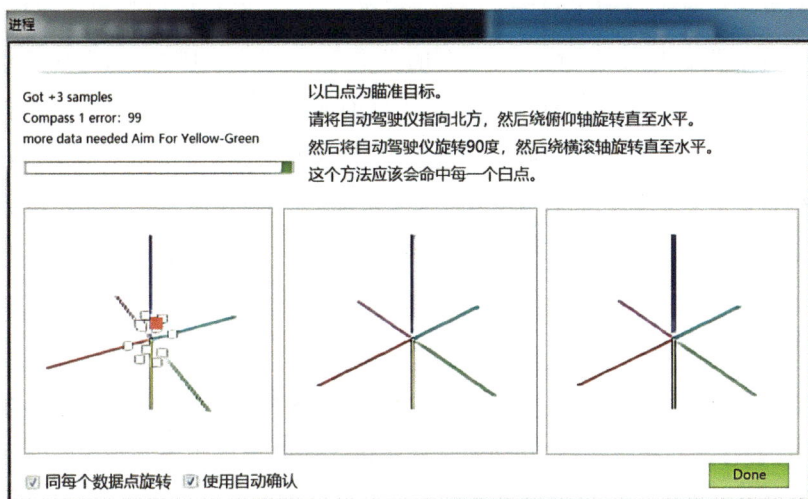

图3.30 罗盘校准界面

五、遥控器校准

遥控器校准需要连接接收机,并进行遥控器和接收机的对频。连接 APM 的 USB 数据线后,打开遥控器发射端电源,运行地面站软件。点击【初始设置】→【遥控器校准】→【校准遥控】按钮后,开始拨动遥控开关,使每个通道的红色提示条移动到上下限的位置。

当每个通道的红色指示条移动到上下限位置的时候,点击【Click when Done】按钮保存,如图3.31所示。在弹出两个窗口后完成遥控器的校准。如果拨动摇杆时对应的指示条没有变化,应检查接收机是否正确连接,同时检查每个通道是否对应。

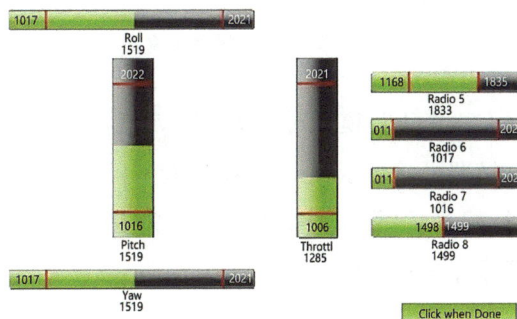

图3.31 遥控器校准界面

六、电调行程校准

打开遥控器开关,把油门杆推到最高。飞行器接上电池后,APM 上的红灯、蓝灯、黄灯会以循环模式亮起,好盈电调通电时发出"do－re－mi"的音乐声,电机发出哔声。拔掉电池电源线,再接上电源线,待电调通电发出"do－re－mi"的音乐声,电机发出哔声后,把遥控器油门杆拉到最低,哔声响后把电源线拔掉,让 APM 记住校正好的油门航程,完成电调行程校准。

如果校正失败,可按正常方式开机,把遥控器油门杆拉到最低,再接上电源。开机后再拔掉电源,开始重新校正。校正油门航程成功后,接上电源线,对 APM 进行解锁,推动遥控器油门杆,电机会转动起来,检查电机转速是否一致。

七、飞行模式设置

APM 有多种飞行模式可供选择,配置飞行模式前同样需要连接地面站软件与 APM 飞控,点击【配置/调试】→【飞行模式】,弹出如图 3.32 所示的飞行模式设置界面。

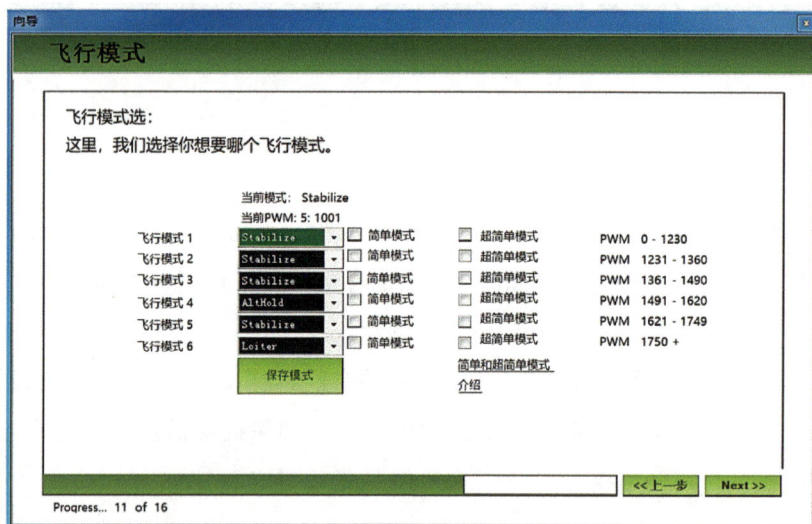

图 3.32 飞行模式设置

设置界面中,在右侧标有六个飞行模式对应的 PWM 值,是否开启简单模式或超简单模式也一目了然,在下拉框中选择即可。出于安全考虑,建议将 0－1230 设置为 RTL(返航模式),其他 5 个根据遥控习惯自行配置,但须保证模式切换开关随时能切换到 Stabilize(稳定)模式。选择好六个模式以后点击【保存模式】进行保存。

APM 飞行模式如下。

1. 稳定模式(Stabilize)

稳定模式是最基本的飞行模式,也是使用最多的飞行模式,起飞和降落都应该使用该模式。此模式下,飞控让飞行器保持稳定,是初学者的首选,也是 FPV(第一视角飞行)的最佳模式。应确保遥控器上的开关能方便地拨到稳定模式,这在应急时非常重要。

2. 定高模式（AltHold）

定高模式是使用自动油门，试图保持当前高度的稳定模式。定高模式时无人机的高度仍然可以通过推高或降低油门控制。当进入任何带有自动高度控制的模式时，目前的油门将被用来作为调整油门保持高度的基准，因此在进入高度保持前应确保无人机悬停在一个稳定的高度。在该模式下不能降落及关闭电机（因为油门摇杆控制的是高度而非电机），只有先切换到稳定模式，才可以降落和关闭马达。

3. 悬停模式（Loiter）

悬停模式是 GPS 定点模式。应该在起飞前先让 GPS 定点，避免在空中突然定位发生问题。悬停模式其他方面跟定高模式基本相同，只是在水平方位上由 GPS 进行定位。

4. 简单模式（Simple Mode）

简单模式相当于无头模式，每个飞行模式的旁边都有一个【简单模式】复选框可以勾选。勾选【简单模式】后，飞机会将解锁起飞前的机头指向恒定作为遥控器前行摇杆的指向，这种模式下无需担心飞行器的姿态。

5. 返航模式（RTL，Return-to-Launch）

返航模式需要 GPS 定位。GPS 在每次解锁前的定位点就是当前返航的位置。如果 GPS 在起飞前没有定位，则在空中首次定位的那个点就会成为"家"。进入返航模式后，飞行器会升高到 15 m（如果已经高于 15 m，就保持当前高度），然后飞回"家"。

6. 自动模式（Auto）

自动模式下飞行器将按照预先设置的任务规划飞行，由于任务规划依赖 GPS 的定位信息，因此在解锁起飞前，必须确保 GPS 已经完成定位。如果使用自动模式从地面起飞，飞行器会有一个安全机制（防止误拨到自动模式时误启动发生危险），所以需要先手动解锁并手动推油门起飞。起飞后飞行器会参考最近一次 AltHold 定高的油门值作为油门基准，当爬升到任务规划的第一个目标高度后，开始执行任务规划飞向目标。如果是在空中切换到自动模式，那么飞行器首先会爬升到第一目标的高度，然后开始执行任务。

7. 比率控制模式（Acro）

比率控制模式是非稳定模式，该模式下 APM 没有飞控辅助增稳，完全依靠遥控器的控制。

8. 绕圈模式（Circle）

进入绕圈模式后，飞行器会以当前位置为圆心绕圈飞行。此时机头不受遥控器方向舵的控制，始终指向圆心。如果遥控器给出横滚和俯仰方向上的指令，将会移动圆心。与定高模式相同,绕圈模式可以通过油门调整飞行器高度,但是不能降落。圆的半径可以通过高级参数设置调整。

9.引导模式(Guided)

引导模式需在地面站软件和飞行器间通信。通信连接后,在任务规划软件的地图界面任意位置点击鼠标右键,选择【Fly to here】并输入一个高度值后,飞行器将飞到指定位置和高度并保持悬停。

任务评价

评价模块	评价内容	得分
知识模块 (30%)	复述多旋翼航摄无人机主控器的连接内容与方法(9分)	
	复述多旋翼航摄无人机的调试内容(12分)	
	熟知多旋翼航摄无人机的调试步骤(9分)	
技能模块 (50%)	正确安装飞控固件,正确选择机架类型(10分)	
	正确操作加速度计、罗盘和遥控器校准(20分)	
	正确操作电调行程校准(10分)	
	正确设置飞行模式(10分)	
素养模块 (20%)	无人机调试操作步骤正确、操作规范(10分)	
	按要求步骤进行各项任务实施(10分)	
总分		

扩展阅读

《实景三维中国建设总体实施方案(2022—2025年)》通过评审

2022年7月7日,自然资源部组织召开评审会,通过《实景三维中国建设总体实施方案(2022—2025年)》(以下简称《实施方案》)评审。

据悉,实景三维作为真实、立体、时序化反映人类生产、生活和生态空间的时空信息,是国家重要的新型基础设施,通过"人机兼容、物联感知、泛在服务"实现数字空间与现实空间的实时关联互通,为数字中国提供统一的空间定位框架和分析基础,是数字政府、数字经济重要的战略性数据资源和生产要素。

自然资源部办公厅关于印发《实景三维中国建设技术大纲(2021版)》的通知

2022年2月,《自然资源部办公厅关于全面推进实景三维中国建设的通知》印发。为保障实景三维中国建设顺利实施,自然资源部组织编制了《实施方案》,对2022—2025年实景三维中国建设的建设任务、技术路线与方法、主要成果与汇集、组织实施等进行说明。

资料来源:学习强国

多旋翼植保无人机组装与调试

项目描述

　　本项目以电动多旋翼植保无人机为例,设置多旋翼植保无人机装调的基本原则与步骤、多旋翼植保无人机组装、多旋翼植保无人机调试等内容。通过学习,使学生能按照安全操作规范,正确组装植保无人机机体、旋翼、电机、电调、飞控、GPS、植保喷洒设备,并检查各部分连接牢靠;会调试飞行控制器、电子调速器、GPS设备工作正常,调试植保喷洒设备工作正常。

项目导图

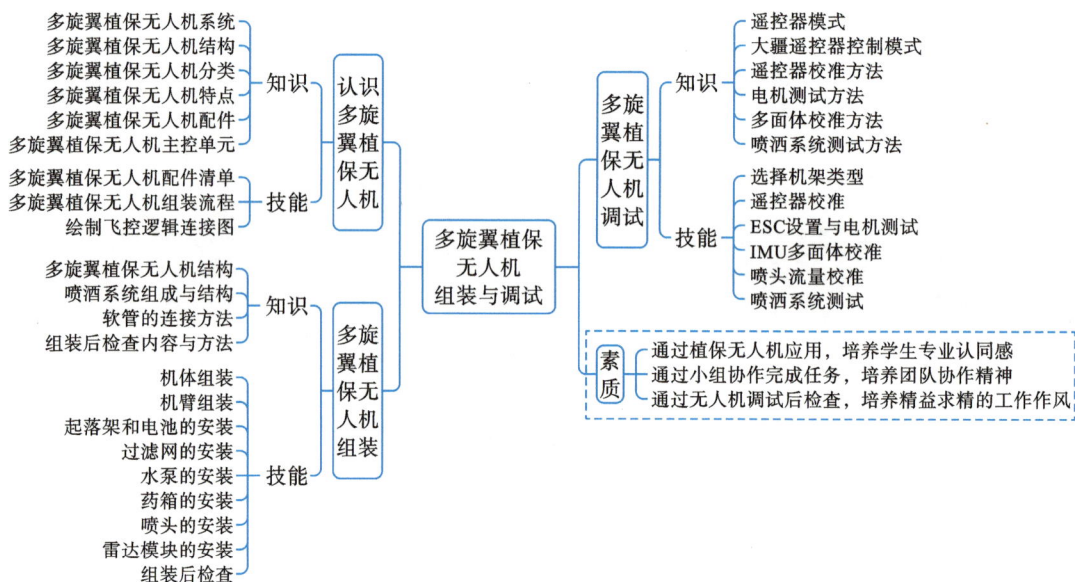

任务一　认识多旋翼植保无人机

学习目标

一、知识目标

(1)了解多旋翼植保无人机系统的部件组成。

(2)了解多旋翼植保无人机的结构与组成。

(3)了解植保喷洒系统的结构与组成。

(4)熟悉多旋翼植保无人机的分类与特点。

(5)熟悉要组装的微型实训多旋翼无人机系统组成。

(6)熟悉多旋翼无人机的组装工艺图。

二、能力目标

(1)能够正确选择待组装的无人机工件与工具设备。

(2)能够按照要求正确列出待组装多旋翼无人机配件清单。

(3)能绘制多旋翼植保无人机的组装流程。

(4)能绘制多旋翼植保无人机主控单元的逻辑连接图。

(5)能够按照要求正确列出喷洒系统的配件清单。

三、素质目标

(1)在多旋翼植保无人机系统组成认识过程中,提升自信心和专业认同感。

(2)通过多旋翼植保无人机组装流程学习,培养规范操作、保质保优的质量意识。

(3)通过多旋翼植保无人机配件清点过程,培养认真负责、科学严谨和精益求精的工作态度。

任务分析

多旋翼植保无人机优点众多:无需专用机场起降;旋翼产生的向下气流有助于增加雾流对作物的穿透性,增强防治效果;远距离遥控操作,使得喷洒作业人员避免暴露于农药的危险,提高了喷洒作业的安全性。

任务步骤

①完成工作任务单。

②进行多旋翼植保无人机系统部件组成、多旋翼植保无人机与喷洒系统的结构的学习,了解多旋翼植保无人机的分类与特点,完成学习笔记的记录。

③列出多旋翼植保无人机配件清单,准备无人机组装工具。

④认真分析多旋翼植保无人机的组装流程,准备和清点待组装多旋翼植保无人机和喷洒系统的配件。

⑤能够正确把握多旋翼植保无人机的组装顺序和流程,完成工作实施单的填写。

工作任务单

班级：_____　　　　　　姓名：_____

学习咨询材料,回答以下问题：

(1)多旋翼植保无人机系统由哪些部件组成？

(2)多旋翼植保无人机结构包括什么？喷洒系统包括哪些部件？

(3)多旋翼植保无人机有哪些类型？主要应用有哪些？

(4)待组装的多旋翼植保无人机系统主要配件及其作用是什么？填入下表。

无人机配件类型	包含的配件名称	作用
植保无人机主要配件		
飞行控制组配件		

学习笔记

班级：_____　　　　姓名：_____

主题	
内容	问题与重点
总结	

工作实施单

班级：_____　　　　　　姓名：_____

待组装的多旋翼植保无人机由哪些部件组成？列出各部件的名称、型号与规格，填入下表。

动力组配件	配件名称	型号与规格
后视图		
前视图		

提升训练单

班级：_____　　　　　　姓名：_____

在以上学习基础上，绘制多旋翼植保无人机主控单元的逻辑连接图。

实物图	主控单元的逻辑连接图

咨询材料

一、多旋翼植保无人机系统

多旋翼植保无人机是指用于农林植物保护作业的多旋翼无人驾驶飞机,由飞行平台与喷洒系统组成,通过地面人员遥控或飞控自主作业来实现植保作业,可以完成农药喷雾作业、叶面肥喷雾作业等,如图4.1所示。

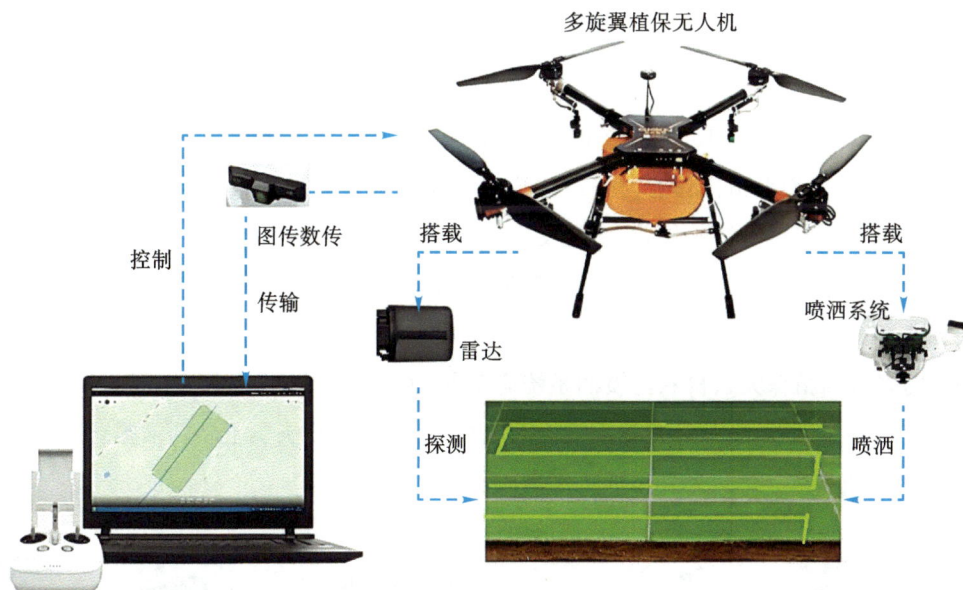

多旋翼植保无人机

控制　图传数传　搭载　搭载

传输　雷达　喷洒系统

探测　喷洒

图4.1　多旋翼植保无人机系统示意图

二、多旋翼植保无人机结构

飞行平台(见图4.2)的动力系统、导航飞控系统、链路系统共同实现多旋翼无人机的各种运用功能,其中飞控系统是整个无人机系统的核心,能够实现无人机的稳定悬停、飞行等功能;动力系统为多旋翼无人机提供运动动力,是整个无人机的动力核心;链路系统则保障地面设备与无人机之间的远程通信与控制;喷洒系统是进行植保作业的具体实施系统,由药箱、水泵、滤网、水管、喷头等组成。

图 4.2　大疆 T16 植保无人机

我国作为农业大国,有 19.179 亿亩(2021 年第三次全国国土调查数据,1 亩=666.6 m^2)耕地,每年需要大量的农业植保作业。采用传统农业作物喷药方法不仅施药器械落后、农药浪费流失严重,人工成本高,防治效果差,而且反复用药致农药残留超标严重,施药者与农药直接接触致生产性中毒等事件时常发生。而多旋翼植保无人机作业效率是人工作业的 30 倍以上,在确保人员安全同时大大提高了作业效率。

常见的多旋翼植保无人机农药喷洒系统有药箱、水泵、管路、喷头等,如图 4.3 所示。药箱是盛装药液的容器设备,水泵负责将药液由药箱传送至喷头,喷头负责将药液雾化。目前,无人机喷洒雾滴产生方式主要分为液力雾化和离心雾化 2 种。

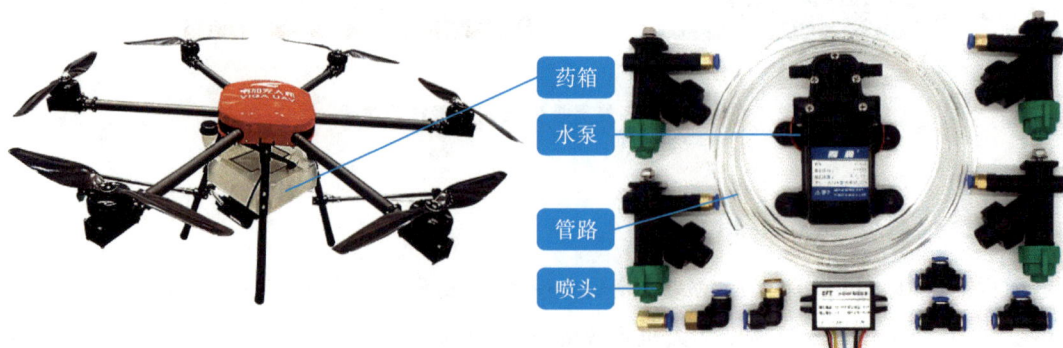

图 4.3　无人机农药喷洒系统

1. 液力雾化

液力雾化是目前人工和无人机喷雾最常见的方式,其原理是药液在外力的推动下,通过一个小开口或孔口,具有足够速度与能量,进而扩散。在实际应用中,雾滴的大小对农药沉积利用非常重要,它们由在一定工作条件下使用的喷头和雾化参数决定。在雾化过程中,雾滴的平均直径随压力的增加而减小,随喷孔尺寸的增大而增大。

液力雾化方式使用的喷头称为压力喷头,如图4.4(a)所示。无人机使用压力喷头的主要优势在于系统简单、寿命长、使用成本低、穿透力强、漂移量小,但存在液滴大小不均匀、喷头容易堵塞等缺点,所以只适合喷洒水基药剂。

2. 离心雾化

离心雾化是将均匀分布到雾化装置边缘的药液提高到一定转速(8000~10 000 r/min),高速旋转产生离心力,并在离心力的作用下飞离雾化装置边缘,再经空气的摩擦与剪切作用分散成均匀的细小雾滴的过程。离心雾化产生的雾滴又细又均匀,是低容量、超低容量与静电雾化经常采用的雾化方式。

离心雾化方式使用的喷头称为离心喷头,如图4.4(b)所示。离心雾化的优点是雾滴直径较均匀,可适用的农药剂型广泛,不易产生喷头堵塞问题,但其结构复杂、使用寿命短、成本相对高、下压气流效果弱于压力雾化。

(a)压力喷头   (b)离心喷头

图4.4 压力喷头与离心喷头

三、植保无人机分类

植保无人机可按照飞行平台、动力来源等方法进行分类。

1. 按飞行平台构型分类

植保无人机按飞行平台构型不同可分为多旋翼植保无人机和植保无人直升机等,如图4.5所示。

图4.5 多旋翼植保无人机与植保无人直升机

植保无人直升机的前进、后退、上升、下降主要依靠调整主桨的倾斜角度来实现,而转向是通过调整尾部的尾桨来实现。植保无人直升机具有统一且稳定的下压风场,穿透性更强,具有良好的植保效果。植保无人直升机续航时间长、载重大、速度快,但其结构复杂、操作难度大、起降阶段有条件限制、无法悬停,飞手需要较长的培训周期才能达到作业要求。而且在田间作业时,一旦发生事故损失较大,需要较长的维修周期和更多的配件投入。

多旋翼植保无人机通常装有四个以上旋翼作为动力装置,能够垂直起降,具有操作简单、结构简单、价格相对低廉、起降阶段对场地要求不高、可悬停等特点。多旋翼植保无人机因为飞行平台特性导致其载重量和续航等性能参数相对较低,而且由于多个旋翼结构导致其存在多个互相干扰的风场,其植保效果稍弱于植保无人直升机。

2. 按发动机类型分类

植保无人机按发动机类型不同可分为电动机与油动机。目前在我国市场上,植保无人直升机和多旋翼农业植保无人机均以电动为主。电动植保无人直升机是在油动植保无人直升机的基础上,解决了发动机寿命过短、调试困难等问题而产生的新型植保无人直升机,采用无刷电机与锂电池作为动力。

电动多旋翼植保无人机操作简单、性能可靠,处于工作年龄范围内(18～45 岁)、身体健康的零基础学员,通过 10 天左右的训练,就能够基本掌握电动多旋翼植保无人机的作业。电动多旋翼植保无人机的购买、维修维护成本也低于电动植保无人直升机,这也是电动多旋翼植保无人机发展迅速的重要原因。由于电动多旋翼植保无人机的载重量与续航性能相对较低,在电池性能没有突破的情况下,需要准备多块锂电池循环使用,更换电池较频繁。

3. 多旋翼植保无人机分类

多旋翼植保无人机可按照无人机外形结构、旋翼数量、用途、重量、控制方式和市场定位等进行分类。

多旋翼植保无人机按照旋翼数量不同,可分为四旋翼植保无人机(见图 4.6)、六旋翼植保无人机、八旋翼植保无人机(见图 4.7)等。

四旋翼植保无人机结构简单、飞行效率高,也是目前应用最多的结构。其缺点是其中任何一个电机发生故障(停转或螺旋桨断裂),都会导致植保无人机坠毁,所以安全性较差。

六旋翼植保无人机是在四旋翼基础之上增加了 2 个旋翼而形成的设计。在六旋翼植保无人机运行时,其中一个机臂失去动力时,仍然能够保持机身的稳定,所以其稳定性高于四旋翼植保无人机。八旋翼植保无人机在六旋翼基础之上又增加了 2 个旋翼,最多可实现不相邻的两臂同时失去动力时,仍然能够稳定悬停,更加提升了多旋翼植保无人机的稳定性。动力冗余性的设计是在强调设备稳定性的前提下产生的,将多旋翼植保无人机的安全性提升到一个新的台阶。但随着旋翼数量的增加,在相同的机身重量下,单个旋翼所形成的风场面积减小,这将提高多旋翼植保无人机风场的复杂程度。

图 4.6　四旋翼植保无人机

图 4.7　六旋翼和八旋翼植保无人机

四、多旋翼植保无人机特点

对于超过全国粮食种植面积 60% 以上的水稻、玉米等高秆作物,由于其特殊种植模式和作物特性,大型地面施药机具难以适应其病虫害防治要求。由于需要专用的农业航空专用机场和跑道,因此在丘陵、山区,家庭式的种植模式下难以发挥固定翼飞机施药的优势,因此,农用轻型多旋翼植保无人机得到广泛应用。利用多旋翼植保无人机进行植保作业具有以下几个优点。

1. 作业效率高

多旋翼植保无人机作业每分钟能够完成 1~2 亩地,作业效率是人工作业的 30 倍以上。利用航线规划系统作业,可有效避免重喷、漏喷。在目前农村土地流转逐渐加速的状况下,耕地将越来越集中,传统打药方式将成为农业生产增效的阻碍。如果几千亩耕地突发大面积虫害,使用人力喷洒无法快速全部覆盖,然而使用多旋翼植保无人机可快速完成大面积农作物病虫草害喷药作业。

2. 安全性高

我国每年因人工喷药而导致农药中毒的人数超过 10 万,其中甚至还有一些人死亡。传统的人力农药喷洒人员处于药雾环境中,使用存在跑冒滴漏的落后机械,作业人员极易出现农药中毒情况。使用多旋翼植保无人机进行作业,实现了人药分离,使操作人员远离作业区域,保证了人员安全。

3. 防治效果好

多旋翼植保无人机在作业时具有强烈的下行气流,雾化效果好,可使药雾快速直达作物,如图 4.8 所示。下行气流可摇动作物,促进药雾更好地到达作物叶背面及根茎部,喷洒更均匀。同时,多旋翼植保无人机作业时要先进行航线规划,有效避免了重喷与漏喷现象,提高了药液利用率。

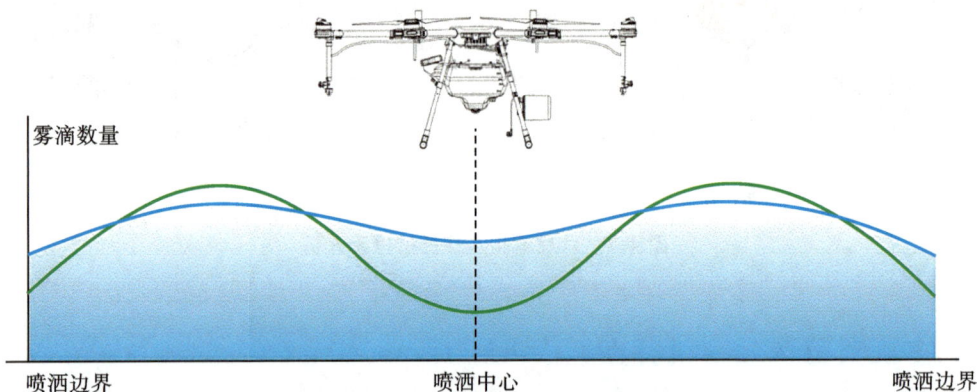

图 4.8　植保无人机防治效果好

4. 环保效益高

飞防植保属于高浓度低容量作业,其作业方式使其具有节水、省药的特点,有效减少了农药残留及土壤农药污染问题,环保效益高。这种规模化的喷洒方式,有利于对农作物质量的控制,符合我国绿色农业的发展要求。

5. 适用性强

植保无人机体积小巧、方便转场和运输,不受地形条件限制,适用于高秆、藤类等作物及平原、丘陵、山坡、草原、森林等复杂地形的病虫害防治,具有较明显的优势。

五、多旋翼植保无人机配件

以大疆 MG-1P 农业植保无人机为例。准备好需要组装的部件,机体结构包括飞行器主体、起落架、USB 连接线、螺旋桨、电机防撞环等部件,喷洒系统包括作业箱、喷头套件、软管扣件、防护板、雷达模块、雷达连接件等,如表 4.1 和图 4.9 所示。

表 4.1　大疆 MG‑1P 农业植保无人机部件

图示	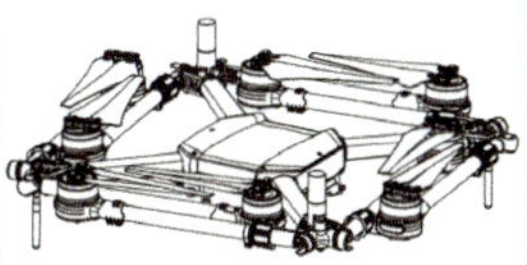	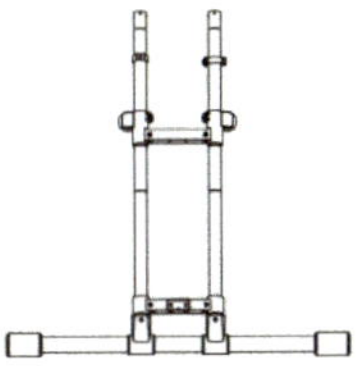	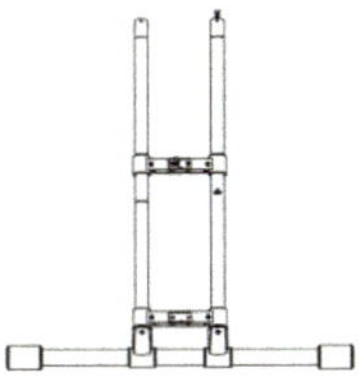	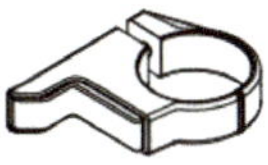
名称	飞行器主体	起落架(左)	起落架(右)	电机防撞环
图示	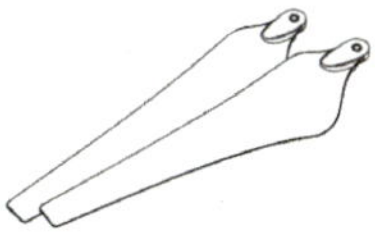			
名称	螺旋桨叶(CW)	螺旋桨叶(CCW)	桨托	电源插头
图示	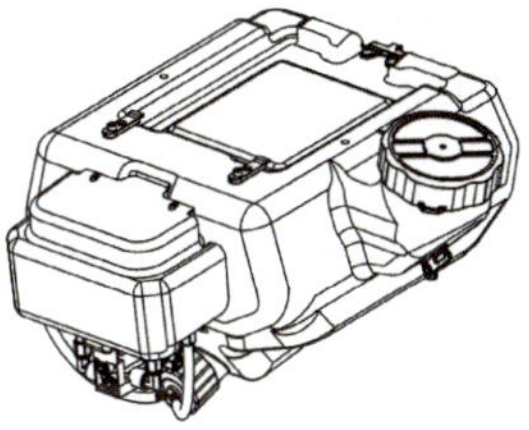	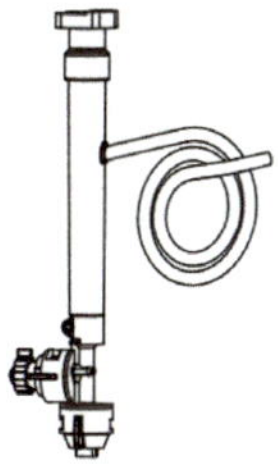	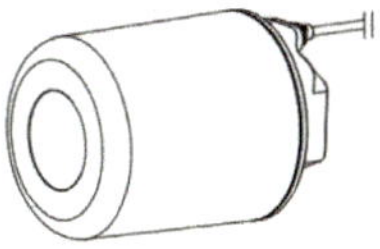	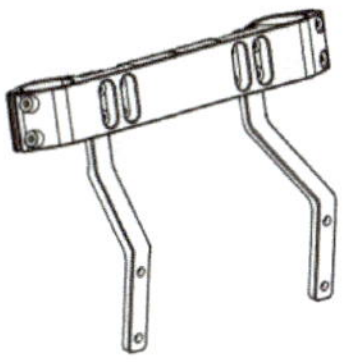
名称	作业箱	喷头套件	雷达模块	雷达连接件
图示			T3×10 M3×5.5 M3×6 M3×8 (Plus) M3×10 (Plus) 软管紧固螺母	
名称	防护板	软管扣件	螺丝	USB‑C OTG 线

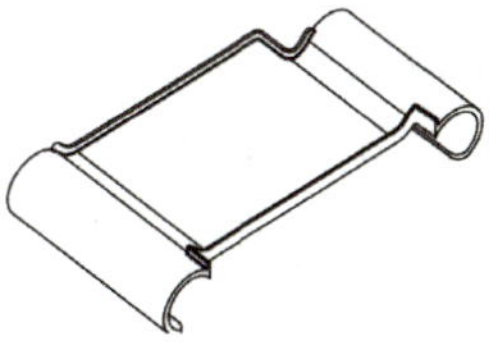

(a) 后视图

(b) 前视图

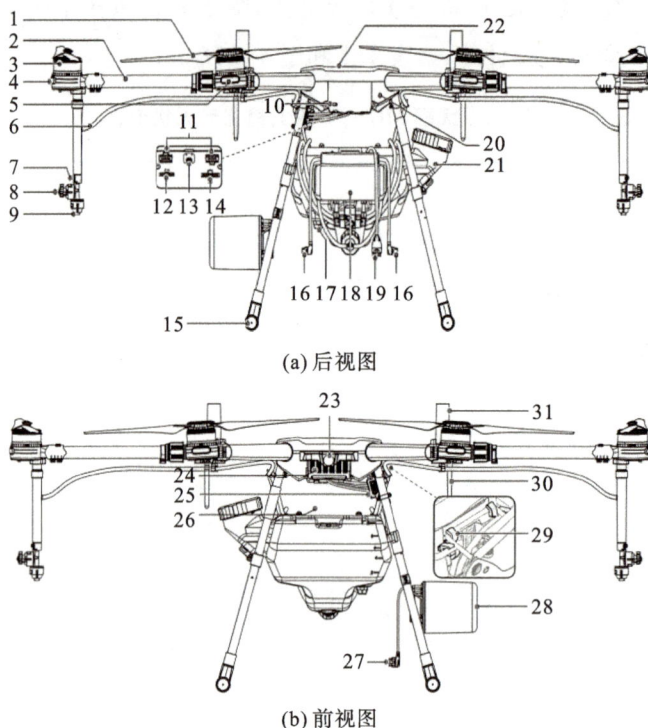

1—螺旋桨;2—机臂;3—电机;4—电调指示灯;5—飞行器状态指示灯;6—软管;7—喷头;8—泄压阀;9—喷嘴;10—对频按键;11—液泵接口;12—雷达接口;13—调参接口;14—液位计接口;15—起落架;16—液泵连接线;17—液位计;18—液泵;19—液位计连接线;20—作业箱;21—飞行器主体;22—GNSS 模块;23—FPB 摄像头;24—空气过滤罩;25—电源接口;26—电池安装位;27—雷达连接线;28—雷达模块;29—遥控器挂钩;30—双频天线;31—机载 D‑RTK 天线。

图 4.9 植保无人机各部件认知图

六、多旋翼植保无人机主控单元

主控单元是飞行控制系统的核心模块,综合利用 IMU、气压计、GPS 模块和指南针,可实现飞行器精准的姿态控制和高精度的定位功能。MG‑1P 多旋翼植保无人机内置定制的 A3 飞控系统,具有八轴动力冗余设计及丰富的通信、SDK 接口,兼容智能起落架、云台、智能飞行电池等设备,使飞行更加安全可靠。DJI A3 飞行控制器模块包括 A3 主控模块、GPS‑COMPASS PRO 模块、PMU 电源管理模块、LED 模块及其他配件,如图 4.10 所示。

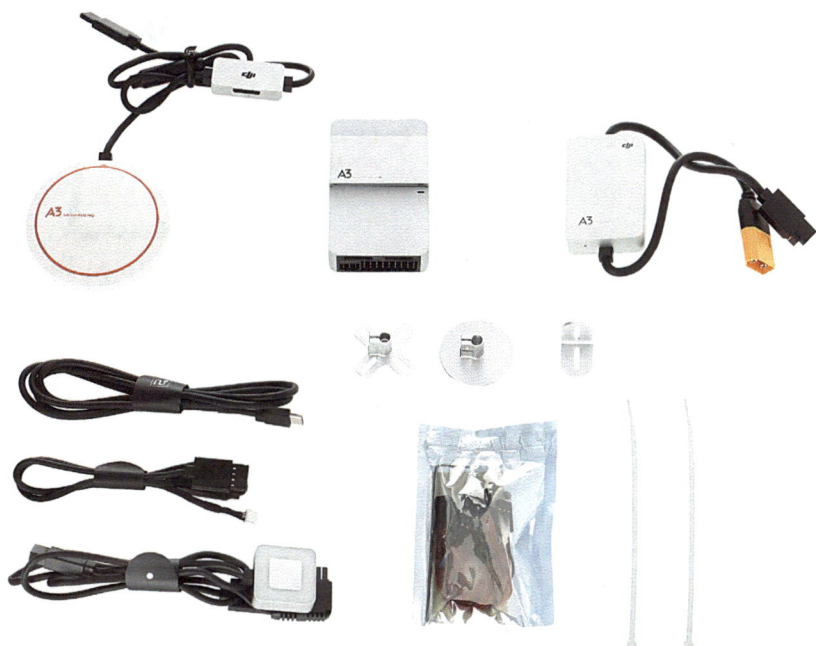

图 4.10 A3 主控单元组成

A3 主控单元具有以下特点：

①主控器内置两路独立 CAN 线接口及 API 串口，CAN1 连接 GPS 模块、CAN2 连接 SDK 设备。

②内置 IMU 和气压计测定飞行姿态和高度，与 GPS 一起实现飞行器水平方向定点，实现飞行控制。

③支持多种接收机类型，配合 DJI GO App 实现智能飞行控制。

④连接到飞行器的电调，并且可以通过端口与智能电调通信。

⑤有四个可独立配置的输出通道和四个 I/O 通道，可连接其他设备。

将 LED 模块连接至 A3 主控模块的 LED 接口，将 GPS 模块连接至 A3 主控模块的 CAN1 接口，将 PMU 模块连接至 A3 主控模块的 PMU 接口，A3 主控单元即连接完成，如图 4.11 所示。

图 4.11　A3 主控单元连接图

任务评价

评价模块	评价内容	得分
知识模块 （30%）	复述多旋翼植保无人机系统组成与无人机结构(10 分)	
	复述多旋翼植保无人机系统分类(10 分)	
	熟知多旋翼植保无人机的特点(10 分)	
技能模块 （50%）	绘制多旋翼植保无人机的组装流程,不漏项(10 分)	
	正确列出待组装多旋翼无人机配件清单(10 分)	
	正确选择待组装的无人机工件与工具设备(10 分)	
	正确绘制多旋翼植保无人机主控单元的逻辑连接图(10 分)	
	正确列出喷洒系统的配件清单(10 分)	
素养模块 （20%）	学习态度认真、操作规范,保质保优的质量意识强(8 分)	
	小组成员间默契配合,协作完成任务(7 分)	
	按照计划完成各项任务实施(5 分)	
总分		

任务二　多旋翼植保无人机组装

学习目标

一、知识目标

(1)掌握多旋翼植保无人机机体的组装方法。

(2)掌握多旋翼植保无人机喷洒系统、雷达模块的组装与连接方法。

(3)了解多旋翼植保无人机飞控的安装与接线方法。

(4)熟悉 GPS 的固定和连接方法。

(5)了解多旋翼植保无人机组装后各部件的检查方法。

二、能力目标

(1)能够正确安装多旋翼植保无人机的机体、起落架、螺旋桨、电机等部件。

(2)能够正确连接电子调速器接线并用扎带固定电调。

(3)能够正确安装飞控板,并正确连接指南针连接线。

(4)能够正确组装喷洒系统,包括作业箱、喷头套件、软管扣件、防护板等。

(5)能够正确安装和固定雷达模块,并正确连接。

(6)多旋翼植保无人机组装后,能够对螺旋桨、电机、机臂、喷头、药箱、软管、电池等部件进行检查。

三、素质目标

(1)通过多旋翼植保无人机组装操作,培养细致严谨的态度和敬业爱岗的思想。

(2)通过小组协作完成任务,培养团队协作精神。

任务分析

组装过程是保证产品质量、制造准确度的重要环节,影响产品技术经济性能和使用性能。

无人机组装是按照规定的技术要求,将若干零件结合成部件,并将若干零件与部件结合成产品的劳动过程。无人机组装方法的科学性、工艺的合理性,都会影响无人机的气动性能、强度和可靠性。本任务设置多旋翼植保无人机的机体组装、喷洒系统组装、雷达模块组装、组装后检查等内容。在不影响飞行性能的前提下,部分组装顺序可以适当调整。

任务步骤

①完成工作任务单。

②进行多旋翼植保无人机的组装训练,完成学习笔记的记录。

③正确完成多旋翼植保无人机的机体组装,并检查各部分连接牢靠。

④安装和连接动力电机,检查旋转方向;正确安装飞控,正确连接飞控连接线,检查连接牢靠。

⑤安装和连接喷洒系统和雷达模块,正确连接喷洒系统连接线,检查各部分连接牢靠。

⑥核对完成结果,完成工作实施单。

工作任务单

班级：＿＿＿＿＿＿＿＿　　　　姓名：＿＿＿＿＿＿＿＿

学习咨询材料，实操组装多旋翼植保无人机，回答以下问题：

(1)写出多旋翼植保无人机机体的组装顺序和流程。

(2)写出多旋翼植保无人机喷洒系统的组装流程。

(3)绘制喷洒系统逻辑连接图。

(4)八旋翼植保无人机的软管安装位置在哪里？结合下表中图示电机标识填表。

序号	八旋翼植保无人机的电机	软管安装位置	注释
参考图			

学习 笔记

班级：_____　　　　　姓名：_____

主题	
内容	问题与重点
总结	

工作实施单

班级：_____　　　　　姓名：_____

学习咨询材料，将多旋翼植保无人机组装后需要检查的部件与检查要点填入下表。

检查内容	检查要点	注释

提升训练单

班级：_____　　　　　姓名：_____

多旋翼植保无人机的喷洒系统都包括哪些部件？画出喷洒系统的逻辑连接图，并填写下表。

喷洒系统各部件	喷洒系统部件规格	喷洒系统逻辑连接头

以大疆 MG-1P 农业植保无人机为例,其机体结构包括植保无人机主体、起落架、USB 连接线、螺旋桨、电机等部件,喷洒系统包括作业箱、喷头套件、软管扣件、防护板、雷达模块等。

一、多旋翼植保无人机的机体组装

第一步,将两根机臂固定在三通主体上,将圆柱天线固定座装入三通主体,如图 4.12 所示。

图 4.12　多旋翼植保无人机三通主体

第二步,整齐排列好机臂,将下碳板固定在大臂上。将大臂的信号线按顺序插入汇总板并固定,如图 4.13 所示。

图 4.13　将大臂信号线按顺序插入汇总板

第三步,将 LED 模块连接至 A3 主控模块和 LED 接口,将 GPS 模块连接至 A3 主控模块的 CAN1 接口,将 PMU 模块连接至 A3 主控模块的 PMU 接口。将电调信号线按顺序插入主控接口,依次将 SDR 主控线插入主控接口并固定好,盖好上碳板(图 4.14),固定后装入上盖。

图 4.14　植保无人机固定碳板

第四步，准备右侧起落架，连接指南针连接线，如图 4.15 所示。

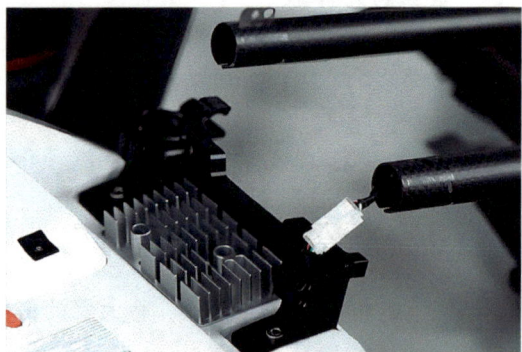

图 4.15　指南针连接线

第五步，将右侧起落架插入起落架支撑管，拧紧螺丝固定，注意不要损坏连接线，同样安装左侧起落架，如图 4.16 所示。

图 4.16　固定起落架

第六步，将飞行器底部的电源接口模块安装到左侧的起落架支撑管上，如图 4.17 所示。

图 4.17　安装电源接口模块

二、多旋翼植保无人机喷洒系统组装

第一步,装入进水口滤网,盖上进水口盖子。将过滤网(图 4.18)安装在出水口,将出水嘴套入出水口并盖上盖子。

图 4.18　过滤网

第二步,将水泵支架安装到水箱,将水泵装入固定橡胶固定在支架上,并盖上保护罩,如图 4.19 所示。

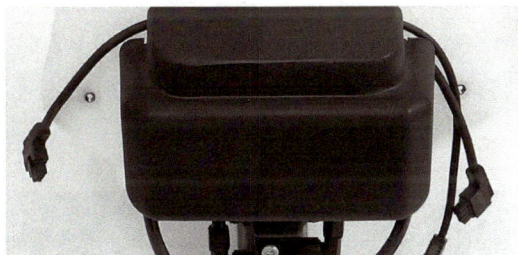

图 4.19　安装水泵

第三步,将喷头套件连接到作业箱,将带有喷头的软管穿过螺母连接到液泵下方的接头,如图 4.20 所示。注意,白色或黑色软管应接到有相同颜色贴纸的接头,然后拧紧螺母,务必确保拧紧,以免漏液。

图 4.20　安装水泵软管

　　第四步,将左侧起落架上的作业箱(药箱)固定件上滑至标识线的位置,固定件下方对齐标识线并拧紧螺丝。旋下作业箱盖子,面向机尾,使作业箱加药口朝向飞行器右侧。然后将两侧的软管分别穿过起落架伸向飞行器外侧。托起作业箱,使加药口穿过右侧起落架支撑管间的空隙,使左侧起落架上的作业箱固定件嵌入作业箱安装孔,将右侧起落架固定件上滑至标识线位置,固定件上方对齐标识线并拧紧螺丝,如图 4.21 所示。

图 4.21　安装药箱

　　第五步,固定药箱后,将液泵连接线和液位计连接线分别插入飞行器底部接口,如图 4.22 所示。

图 4.22　安装药箱连接线

第六步,将机臂完全展开后,旋紧 8 个连接处的套筒。将 4 个软管扣件分别安装到机臂折叠处底部,将 1 个软管扣件安装到右侧起落架外部。将白色软管的喷头安装到机臂 M3 和 M8 电机底部,黑色软管的喷头安装到机臂 M4 和 M7 电机底部,用螺丝将 4 个喷杆固定至对应机臂的电机底部,如图 4.23 所示。

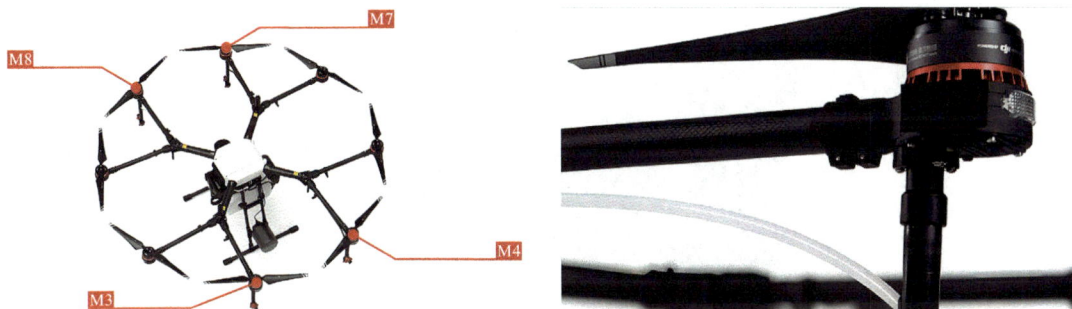

图 4.23　安装喷头

第七步,把两侧软管分别嵌入起落架上的扣件,如图 4.24 所示。

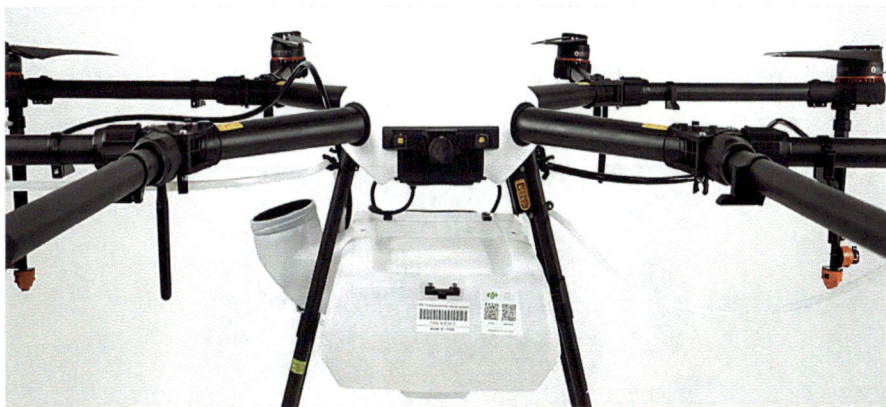

图 4.24　安装好的两侧软管

第八步,将防护板扣在右侧起落架上,以阻挡向作业箱内加药时溅出的液体,如图 4.25 所示。

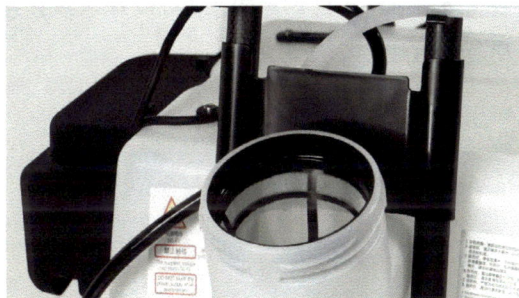

图 4.25　安装好的防护板

三、多旋翼植保无人机雷达模块组装

第一步,将雷达连接件安装到雷达模块,使横杆与雷达连接线在同一侧,将扣环安装到左侧起落架的支撑管上。雷达连接线嵌入起落架支撑管上的线夹,然后插入飞行器底部的雷达接口,如图 4.26 所示。

图 4.26 安装完成的雷达

第二步,将电池从机头方向装入作业箱上的电池安装位置,然后将电池绑带扣在电池固定扣上,如图 4.27 所示。

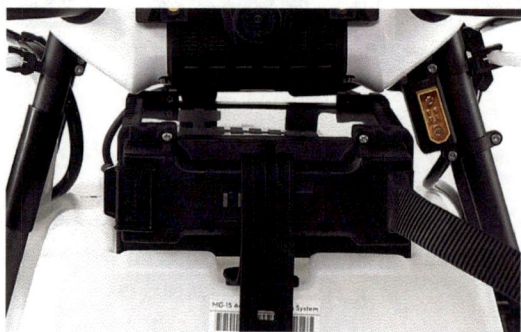

图 4.27 安装完成并绑带的电池

第三步,测量轴距、螺旋桨水平面、空机重量等参数,检查电缆连接、运动冲突等内容。安装完成的大疆农业植保无人机如图 4.28 所示。

图 4.28　大疆 MG-1P 农业植保无人机

四、多旋翼植保无人机组装后检查

1.检查螺旋桨

将桨叶(图 4.29)全部展开,确保未损坏;确保螺旋桨安装牢固,螺丝锁紧无松动脱落。如螺旋桨安装不规范,易产生振动甚至导致机身晃动,如图 4.29 所示。

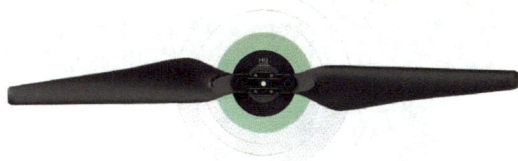

图 4.29　转动螺旋桨示意图

2.检查电机

检查电机转动是否顺畅、无堵转、无异响,确保安装牢固、螺丝没有松动、转动方向正确,如图 4.30 所示。如有杂音或旋转阻力过大,则电机可能损坏,需更换电机。

图 4.30　检查电机转动

3.检查机臂

按压机臂,检查是否有松动,拧紧螺丝,锁紧套筒,如图 4.31 所示。

图 4.31　紧固机臂螺丝

4.检查喷头

确保喷头朝下,无松脱,无损坏,拧紧螺丝,如图 4.32 所示。取出过滤网,检查有无堵塞、漏液现象。若有堵塞,需清洗过滤网与喷头,若堵塞严重则需更换。

图 4.32　植保无人机喷头

5.检查软管

确保软管与三通接头安装牢固,软管的长度合理,如图 4.33 所示。如存在问题需及时更换,避免在空中发生爆管而产生药害。

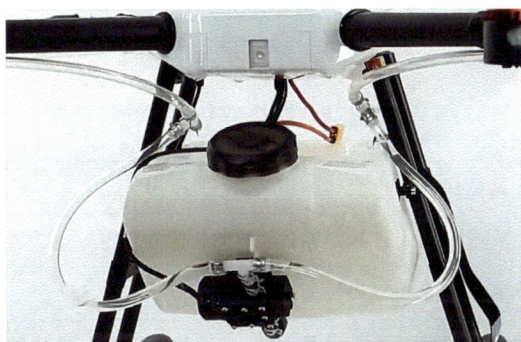

图 4.33　药箱与软管

6. 检查脚架

确保脚架安装牢固、未损坏,拧紧固定螺丝。

7. 检查药箱

确保药箱安装牢固、无破损,拧紧两侧固定螺丝。取出水箱下方的过滤网,检查有无堵塞、漏液现象。确认药箱是否清理干净,如存在药物残留,则有可能发生药物混合反应而降低药效,甚至产生药害。

8. 检查电池

检查电池(图 4.34)是否有破损、鼓胀、漏液情况,如有,则必须立即隔离存放(不得靠近易燃物品)。确保飞行器和遥控器电量充足,电池已固定牢固。

图 4.34　无人机智能电池

任务评价

评价模块	评价内容	得分
知识模块 （30%）	复述多旋翼植保无人机机体的组装方法（10分）	
	复述多旋翼植保无人机喷洒系统、雷达模块的组装与连接方法（10分）	
	熟知多旋翼植保无人机飞控的安装与接线方法（10分）	
技能模块 （50%）	正确安装多旋翼植保无人机的机体、起落架、螺旋桨、电机等部件（10分）	
	正确连接电子调速器接线并用扎带固定电调（10分）	
	正确安装飞控板，并正确连接指南针连接线（10分）	
	正确组装喷洒系统，包括作业箱、喷头套件、软管扣件、防护板等（10分）	
	正确检查螺旋桨、电机、机臂、喷头、药箱、软管、电池等部件（10分）	
素养模块 （20%）	组装操作规范，保质保优的质量意识强（8分）	
	小组成员间默契配合，协作完成任务（7分）	
	按照计划完成各项任务实施（5分）	
总分		

任务三　多旋翼植保无人机调试

学习目标

一、知识目标

(1)了解多旋翼植保无人机调试的内容与步骤。

(2)熟悉主控单元的调试方法和注意事项。

(3)熟悉多旋翼无人机的遥控器校准方法。

(4)掌握多旋翼无人机调试各项参数的设置方法和流量校准方法。

(5)掌握多旋翼无人机喷洒系统的测试方法。

二、能力目标

(1)能够正确安装和配置调参软件。

(2)能够正确选择电调类型,并进行电机测试,确定电机转动方向。

(3)能够正确检查并校准遥控器,能够正确设置参数,并进行 IMU 多面体校准。

(4)能够正确进行喷头流量校准。

(5)能够对喷洒系统等部件进行测试,确保喷洒管道无堵塞、无漏液。

三、素质目标

(1)以多旋翼植保无人机调试为切入点,建立不畏艰险、勇于担当的责任意识。

(2)调试后多旋翼植保无人机的质量和性能须符合要求,培养精益求精的工作作风。

(3)遵循调试相关要求,在多旋翼植保无人机调试过程中保持实事求是,切实履行职业责任。

任务分析

无人机调试是对新组装的无人机设备或维修后的设备重新运行时,对存在的问题进行处理的过程。调试主要包括硬件部分和软件部分,硬件部分如安装位置和安装距离的调整等,软件部分如动力系统、飞控系统、遥控器和接收机等设备的调试等。这一过程关系到无人机的可靠运行与人机安全,必须经过仔细调试,并确认一切正常后才能进行下一步作业。经过无人机调试排除安全隐患后,可进行有桨调试,测试无人机飞行性能。

任务步骤

①完成工作任务单。

②进行多旋翼植保无人机调试的学习,掌握调试步骤与各项参数的设置方法,完成学习笔记的记录。

③检查电调类型,进行电机测试,确定电机转动方向。

④进行遥控器行程校准和 IMU 多面体校准。

⑤进行喷洒系统喷头的流量校准,对喷洒系统等部件进行测试。

⑥检查核对多旋翼植保无人机调试工作,完成工作实施单。

工作任务单

班级：_____　　　　　　姓名：_____

学习咨询材料，回答以下问题：

(1)IMU多面体校准如何进行？有哪些步骤？

(2)如何进行喷洒系统喷头的流量校准？请写出详细步骤。

(3)如何进行遥控器行程校准？请写出详细校准步骤。

(4)在电机测试时，进入地面站软件的"ESC设置"页面，选择所使用的电调类型。使用"电机测试"功能进行测试。在下表中填入多旋翼植保无人机电机的转动方向。

电机编号	电机旋转方向	注释	电机编号	电机旋转方向	注释
参考图			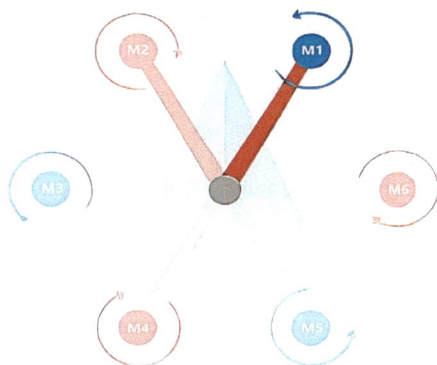		

学习 笔记

班级：＿＿＿＿＿＿＿　　　　　姓名：＿＿＿＿＿＿＿

主题	
内容	问题与重点
总结	

工作 实施单

班级：_____　　　　　　姓名：_____

　　植保无人机每次作业前，必须确认摇杆模式。在遥控器校准前，也须确认遥控器模式，再进行下一步操作。在下表中写出遥控器校准详细步骤。

遥控器模式	遥控器校准步骤

提升 训练单

班级：_____　　　　　　姓名：_____

　　植保无人机调试后，需要对喷洒系统进行测试，确认其是否能够正常工作。喷洒系统测试内容有哪些？当喷头无法正常工作时，如何排除故障？填入下表。

喷洒系统测试	测试内容与步骤	故障排除方法

咨询材料

一、无人机调试

以电动多旋翼植保无人机为例,将机架、飞控系统、动力系统和通信系统等多旋翼无人机硬件组装后,为了实现无人机的良好飞行及功能要求,必须进行合理的调试。调试工作关系着飞行性能与安全。

第一步,安装 A3 飞控 DJI Assistant 2 调参软件。可以在大疆官方网站下载 A3 飞控 DJI Assistant 2 调参软件。安装并打开软件,选择【基本设置】→【机架选项】,按照动态图示选择对应机架类型,如图 4.35 所示。

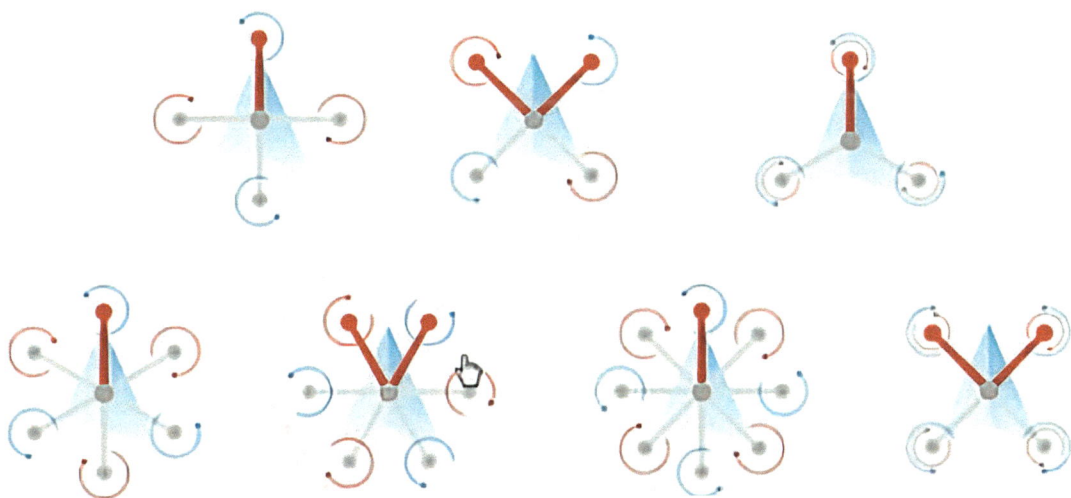

图 4.35　选择机架类型

第二步,遥控器行程校准。在"遥控器"页中【选择遥控器类型】,如图 4.36 所示,做遥控器行程校准。

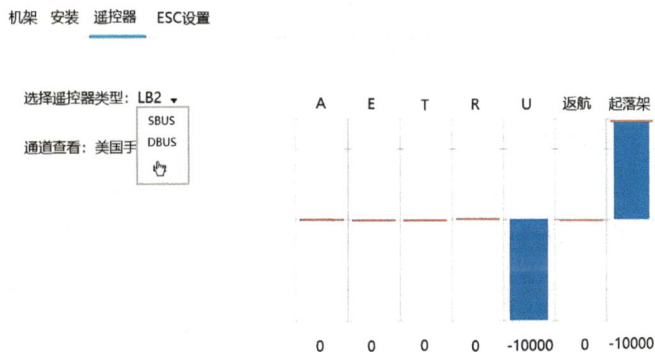

图 4.36　选择遥控器类型

点击【校准】，进入遥控器校准页面，如图4.37所示。按照页面提示，分别进行步骤1和2，完成校准。将所有摇杆居中，开关停留在中间挡位，如果是两挡开关，则停留在任意位置。控制所有摇杆至行程最大、最小位置，拨动开关停留在所有挡位，确定后点击【完成】，通道校准完成。

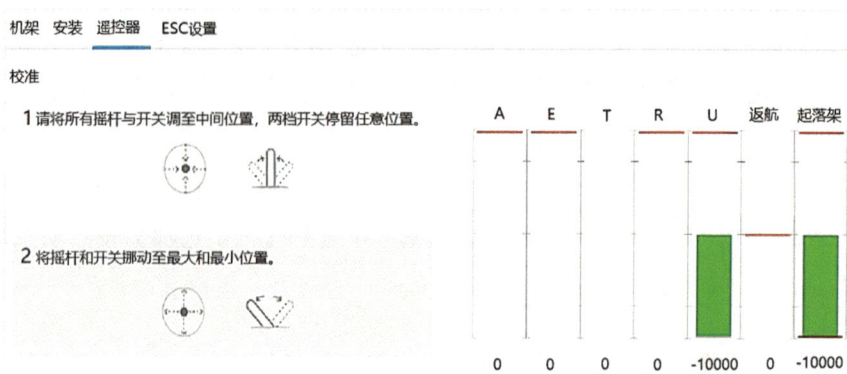

图4.37 遥控器校准页面

第三步，电机测试。进入"ESC设置"页，选择所使用的电调类型。使用【电机测试】功能，确定电机转动方向是否正确，如图4.38所示。

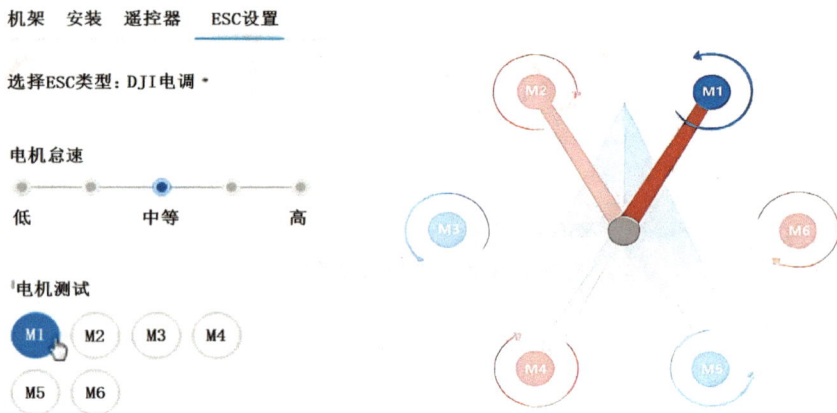

图4.38 电机测试

第四步，IMU多面体校准。在主界面点击【执行作业】，点击右上角【设置】图标，滑动参数设置页面至底部，选择【高级设置】，点击【传感器】，选择【多面体】，点击【校准IMU】。将无人机放置在水平地面上，点击【开始】，等待右下角进度变更；将无人机机头朝地面放置，等待右下角进度变更；将无人机机尾朝地面放置，等待右下角进度变更；将无人机右侧朝地面放置，等待右下角进度变更；将无人机左侧朝地面放置，此时界面提示校准成功。手动重启飞行器，点击【确定】，校准完成，如图4.39所示。

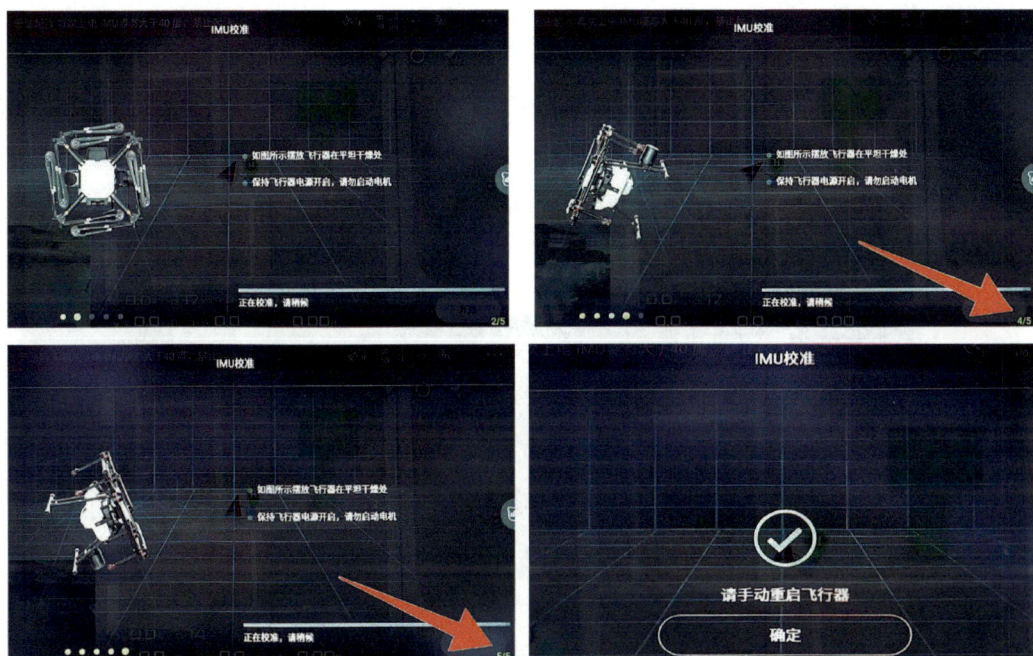

图 4.39　IMU 多面体校准

第五步,流量校准。

(1)排出管道空气:作业箱中加入 1.5～2 L 水,开启遥控器,连接飞行器电源,拧开 4 个泄压阀,遥控器操作开启喷洒,直至 App 提示无药后自动停止。待管道中空气排尽后关闭泄压阀。

(2)液位计标定:在作业箱中加入 1 L 水,点击 App 作业界面中的【喷洒】图标,点击【校准】,在弹出的菜单中选择【喷嘴型号】→【开始标定】,飞行器自动喷洒。

(3)液泵 L 校准:使用量杯测量 1～5 L 水,加入作业箱,并在 App 中输入水量,点击【开始校准】,如图 4.40 所示,飞行器自动喷洒,直至自动进入液泵 2 接着校准。

(4)以相同操作完成液泵 R 校准,直至提示【流量校准完成】。

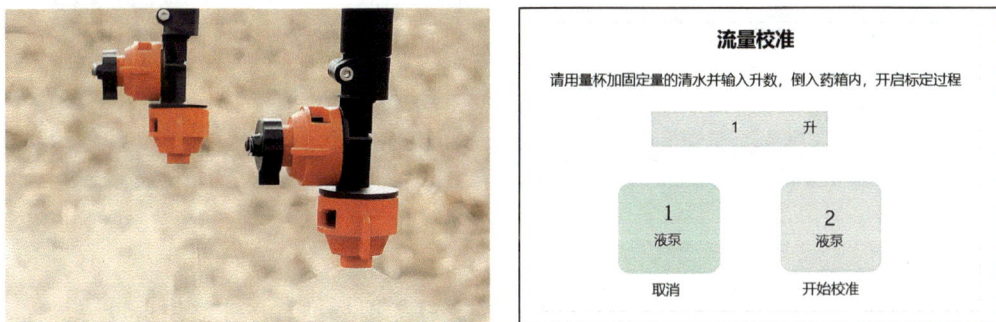

图 4.40　喷头流量校准

二、遥控器校准

打开遥控器,检查遥控器屏幕上的 GPS 信号是否良好。在使用过程中,当遥控器开机摇杆不在中位时,会持续发出"嘀嘀嘀"的报警声,此时需要校准遥控器。

第一步,在植保无人机未上电的情况下,在地面站软件主界面点击【执行作业】,如图 4.41 所示。

图 4.41 地面站软件主页

第二步,点击右上角【遥控器设置】图标、选择【摇杆模式】→【确认摇杆模式】。在每次作业前,必须确认摇杆模式。更改摇杆模式后,启动电机时应降低油门,查看摇杆模式是否正确。一般遥控器模式有美国手和日本手,其各通道类型如图 4.40 所示。

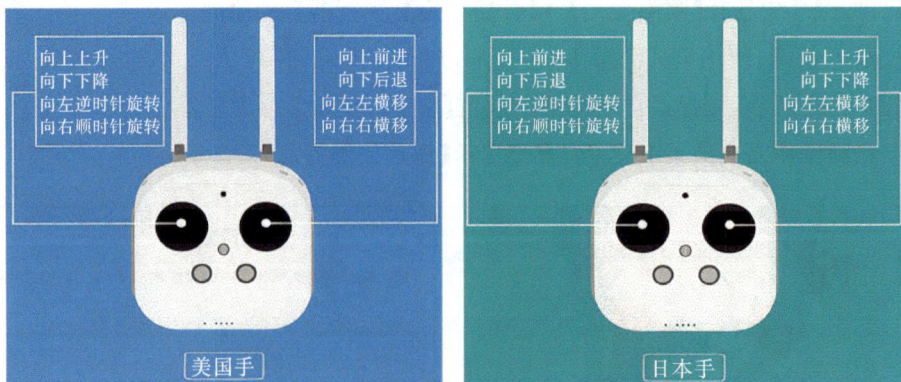

图 4.42 遥控器模式

点击右上角【遥控器设置】,选择【遥控器校准】→【立即校准】,打开遥控器设置界面,如图 4.43 所示。

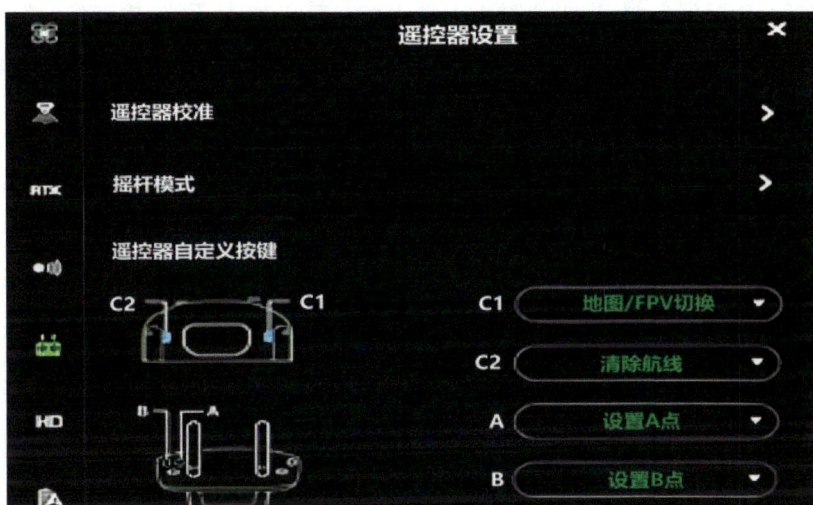

图 4.43　遥控器设置界面

第三步，按照提示推动所有通道摇杆到最大工作范围，并重复几次，如图 4.44 所示。拨动遥控器左边的拨轮并重复几次，点击【完成】，遥控器校准完成。

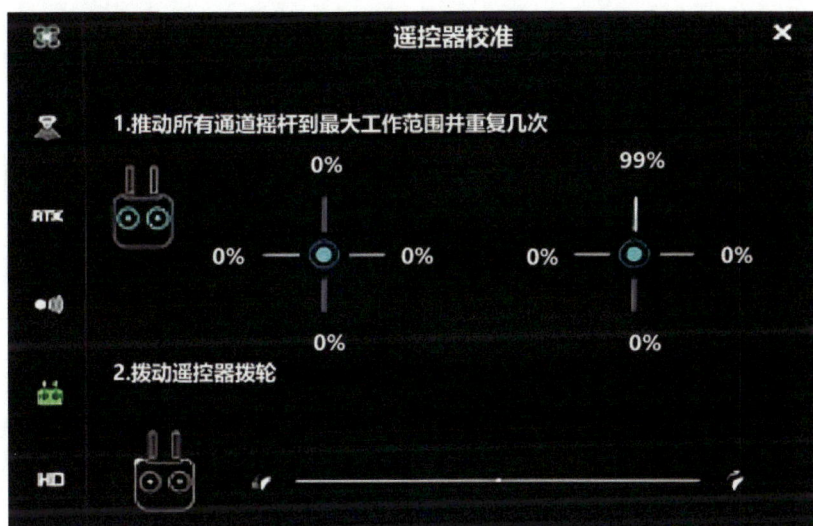

图 4.44　遥控器校准界面

三、喷洒系统测试

植保无人机飞防作业一般是完成农药喷洒任务。植保无人机调试完成后，须对作业状态显示板、喷洒系统等部件进行测试，确保喷洒管道无堵塞、无漏液。测试喷头是否正常工作，若喷头无法正常工作，有可能是管道内有气泡所致。将喷头侧面的泄压阀旋开，让液泵处于工作状态。排出气泡后,旋紧泄压阀,即可使喷头正常工作。首先加入药液,检查作业箱、软管和喷头有无漏液现象,如图4.45所示。按下遥控器上面的【喷雾】按键(见图4.46),排出喷洒系统软管内的空气。

图 4.45　植保无人机喷头

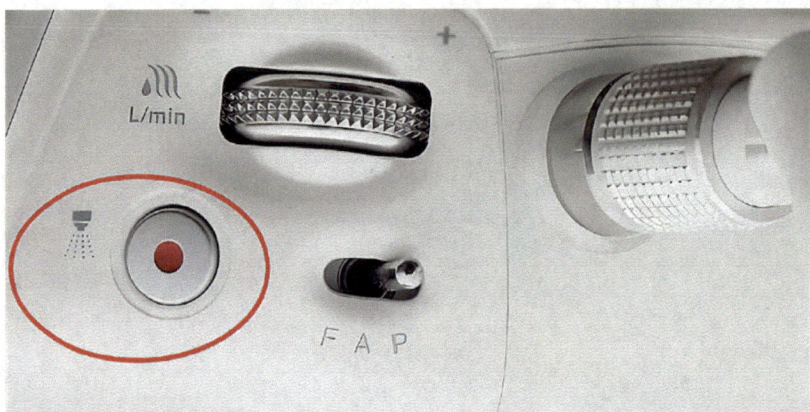

图 4.46　遥控器上的【喷雾】按键

开始喷洒药液,检查喷洒系统是否能正常喷雾。观察作业区周围环境,注意远离人群,启动电机进行试飞。在飞行过程中集中注意力,确保飞行器在操控手前方并保持一定距离。降落后,将油门拉到最低位并保持3 s以上,关闭电机,再依次断开电源插头、通信插头,并关闭遥控器。

任务评价

评价模块	评价内容	得分
知识模块 （30%）	复述多旋翼植保无人机调试内容与步骤（9分）	
	复述主控单元的调试方法和注意事项（12分）	
	熟知多旋翼无人机调试各项参数的设置方法和流量校准方法（9分）	
技能模块 （50%）	正确安装和配置调参软件（5分）	
	正确选择电调类型，并进行电机测试，确定电机转动方向（10分）	
	正确检查并校准遥控器，正确设置参数，并进行IMU多面体校准（15分）	
	正确校准喷头流量（10分）	
	正确测试喷洒系统，确保喷洒管道无堵塞、无漏液（10分）	
素养模块 （20%）	无人机调试时取下螺旋桨，养成安全调试好习惯（8分）	
	飞机上电前，确认当前飞机与遥控器已对频（5分）	
	按流程进行各项任务实施（7分）	
总分		

扩展视频

村里来了"钢铁侠"——植保无人机

固定翼无人机组装与调试

项目描述

　　固定翼无人机是无人机中比较重要的机型，相对于多旋翼无人机，固定翼无人机在结构、安装和调试等方面稍有不同，应用场景也少一些。但在高空测绘等应用场合，固定翼无人机是多旋翼无人机无法取代的。通过本项目的学习，可系统掌握固定翼无人机的结构、组成、组装与调试等方面的知识与技能。

　　本项目以固定翼无人机为载体，设置了固定翼无人机组装准备、固定翼无人机组装、固定翼无人机调试等任务。

项目导图

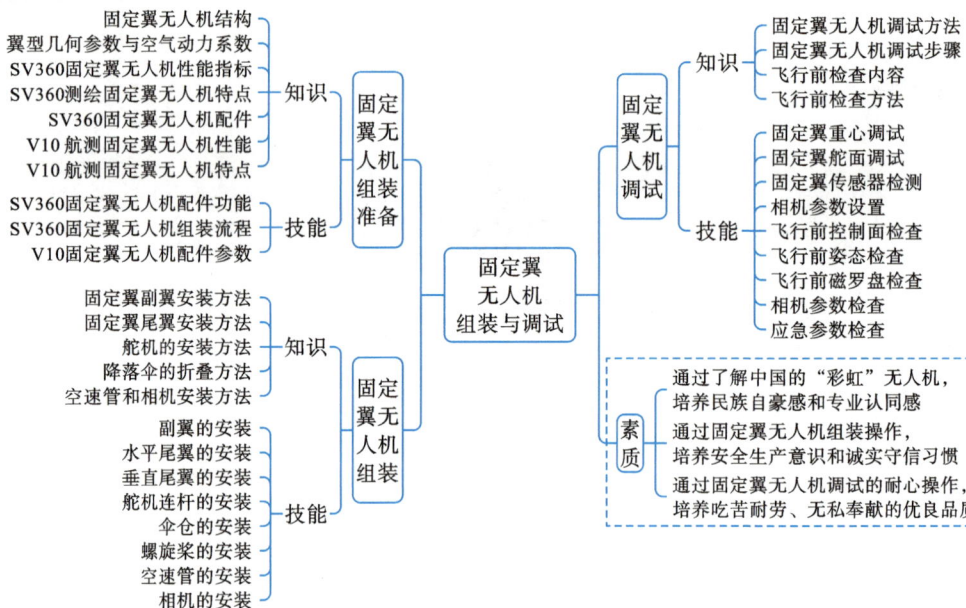

任务一　固定翼无人机组装准备

学习目标

一、知识目标

(1)了解固定翼无人机的结构。

(2)了解固定翼无人机的飞行原理。

(3)熟悉 SV360 固定翼无人机的特点。

(4)熟悉 SV360 固定翼无人机的配件。

(5)熟悉 SV360 固定翼无人机的组装顺序和流程。

二、能力目标

(1)能够正确选择固定翼无人机组装的配件与工具。

(2)能够按照要求正确列出待组装固定翼无人机的配件清单。

(3)能绘制固定翼无人机的组装流程。

(4)能按要求准备固定翼无人机的机身主体配件和动力设备。

三、素质目标

(1)爱护组装工具与设备,定期检查工具设备,养成较强的动手能力。

(2)通过固定翼无人机组装流程学习,培养规范操作、保质保优的质量意识。

(3)在固定翼无人机配件清点过程中,培养认真负责、科学严谨和精益求精的工作态度。

任务分析

固定翼无人机性能优良、模块化集成,具有续航时间长、飞行高度高的特点,使得在其行业内备受青睐。

本任务结合固定翼无人机特点,设置固定翼无人机结构、飞行原理、特点、配件等内容,为固定翼无人机组装打下基础。准备无人机组装用的工具是组装工作的第一步,然后准备固定翼无人机配件,并根据配件清单检查组装所需的零部件是否齐全。组装前应仔细阅读组装用零部件的使用手册、安装说明及图样,详细了解安装流程和注意事项。

任务步骤

①完成工作任务单。

②进行固定翼无人机结构与飞行原理等方面的学习,了解固定翼无人机的相关知识,完成学习笔记。

③绘制固定翼无人机的组装顺序与流程,准备无人机组装工具。

④认真分析固定翼无人机组装流程,清点待组装无人机配件。

⑤正确把握固定翼无人机的组装顺序和流程,完成工作实施单。

工作任务单

班级：_____   姓名：_____

学习咨询材料，回答以下问题：

(1)固定翼无人机系统组成有哪些？

(2)固定翼无人机结构包括哪些部件？

(3)待组装的固定翼无人机配件组成及其作用是什么？按数字标识填入下表。

无人机配件类型	包含的配件名称	作用

学习 笔记

班级：_____　　　　　姓名：_____

主题	
内容	问题与重点
总结	

工作 实施单

班级：_____   姓名：_____

SV360 固定翼无人机组装流程有哪些？有哪些关键步骤？填入下表。

组装流程	关键步骤

提升 训练单

班级：_____   姓名：_____

在以上学习基础上，查阅 V10 固定翼无人机结构组成资料，将配件的参数与规格填入下表。

V10 固定翼无人机组件	配件参数与规格
 ①—机身；②—左内翼；③—右内翼；④—右外翼；⑤—左外翼；⑥—电台；⑦—胶棒天线；⑧—充电器；⑨—标配的加密狗；⑩—鞭状天线的底座。	

咨询材料

一、固定翼无人机的结构

固定翼无人机机翼固定,机翼外端后掠角可随速度自动或手动调整。一般的固定翼无人机系统由机体结构、航电系统、动力系统、起降系统和地面控制站五部分组成。

①机体结构由可拆卸的模块化机体组成,既方便携带,又可以在短时间内完成组装、起飞。

②航电系统由飞控电脑、感应器、酬载、无线通信等组成,完成飞机控制系统的需要。

③动力系统由动力电池、螺旋桨、无刷电机等组成,提供飞机飞行所需的动力。

④起降系统由弹射绳、弹射架、降落伞等组成,帮助飞机完成弹射起飞和伞降着陆。

⑤地面控制站包括地面站电脑、电台等设备,用以辅助完成路线规划任务和飞行过程的监控。

固定翼无人机机体结构主要由机翼、机身、尾翼、起落架和动力装置(发动机)组成,如图5.1所示。机翼的主要功能是产生飞行所需要的升力;机身的主要功能是装载燃料和设备,同时作为固定翼无人机安装基础,将机翼、尾翼、起落架等连成一个整体;尾翼的主要功能是稳定和操纵固定翼无人机俯仰及偏转,由水平尾翼和垂直尾翼两部分组成(水平尾翼水平安装在机身尾部,由固定的水平安定面及其后的可转动的升降舵组成,垂直尾翼垂直安装在机身尾部,由固定的垂直安定面及其后的可转动的方向舵组成);起落架的主要功能是支撑无人机在地面上的活动,包括起飞和着陆滑跑、滑行、停放,陆上无人机的起落架一般由支柱、减震器、机轮和收放机构等四部分组成;动力装置的主要功能是生产拉力(螺旋桨式)或推力(喷气式),使无人机产生相对空气的运动。

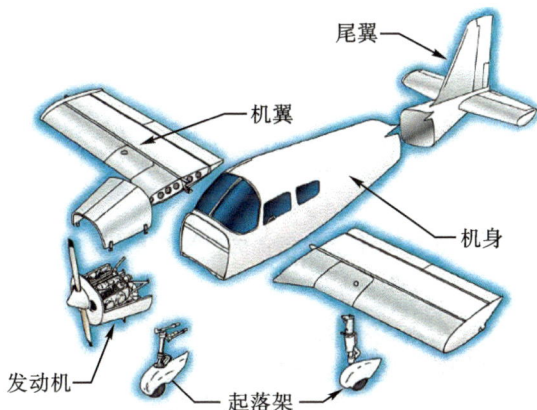

图5.1 固定翼无人机结构

二、固定翼无人机的飞行原理

1. 伯努利定律

伯努利定律是由瑞士流体物理学家丹尼尔·伯努利（Daniel Bernoulli）于 1726 年在连续性定理的基础上提出的，其核心是流体在流动过程中，如果流速大则压力小，反之，流速小则压力大，如图 5.2 所示。

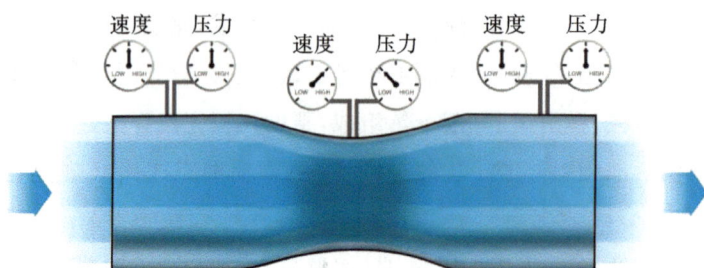

图 5.2　伯努利定律

如果设法使机翼上部空气流速较快，其静压力较小，机翼下部空气流速较慢，其静压力较大，那么机翼就被往上推，然后飞机就能飞起来，如图 5.3 和图 5.4 所示。

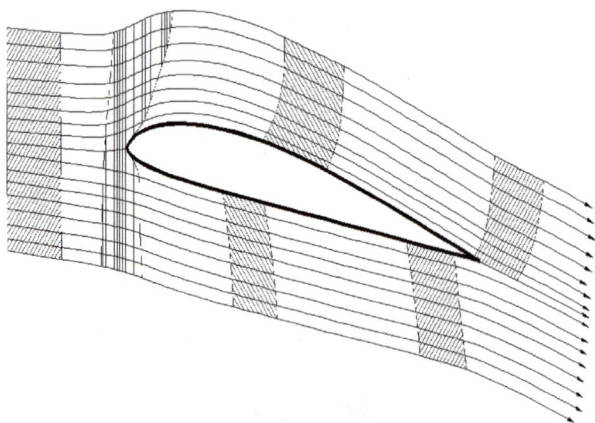

图 5.3　机翼上下部的空气流速示意

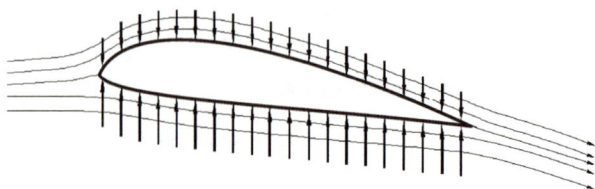

图 5.4　机翼上下部压力示意

在稳定气流中,同一流管的各切面上,空气的静压力和动压力之和保持不变。这个不变的数值就是总压力。由此可知:动压力大,则静压力小;动压力小,则静压力大。即流速大,则压力小;流速小,则压力大。其表达式为

$$p+\frac{1}{2}\rho v^2 = p_t = C \tag{5.1}$$

式中:p ——静压力;

$\frac{1}{2}\rho v^2$ ——动压力;

p_t ——总压力;

C ——常数。

伯努利定律的适用条件:

①气流是连续、稳定的,即流动是定常的。

②流动的空气与外界没有能量交换,即空气是绝热的。

③空气没有黏性,即空气为理想流体。

④空气密度是不变的,即空气为不可压缩流体。

⑤在同一条流线或同一条流管上。

2. 翼型定义与几何参数

翼型是把机翼沿平行机身纵轴方向切下的剖面,机翼的翼型是流线型的,上表面弯曲大,下表面弯曲小(或是平面),如图5.5所示。机翼的效率受翼型的影响极大,在一定程度上受翼型弯曲度和厚度影响。

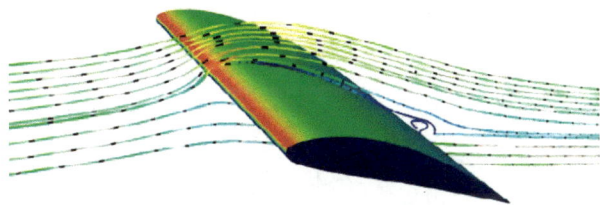

图5.5　机翼的翼型示意图

常见的翼型有平板翼、S形翼、单凸翼、对称的双凸形翼、凹凸形翼、层流翼、平凸形翼、菱形翼、双凸形翼、双弧形翼等,如图5.6所示。固定翼无人机应用较多的有S形翼、凹凸形翼等。

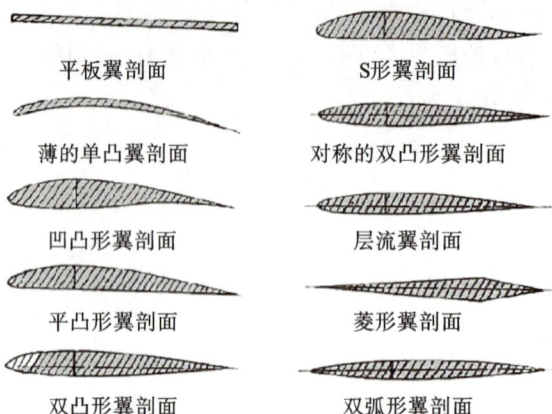

图 5.6　常见的翼型示意图

平板翼剖面　　　　　　　S形翼剖面

薄的单凸翼剖面　　　　　对称的双凸形翼剖面

凹凸形翼剖面　　　　　　层流翼剖面

平凸形翼剖面　　　　　　菱形翼剖面

双凸形翼剖面　　　　　　双弧形翼剖面

无人机机翼的平面形状种类不多，主要有矩形、椭圆形、梯形、后掠形和三角形等，如图 5.7 所示，以及由基本平面形状发展组合而成的复合机翼和辅助翼。从空气动力学的观点看，椭圆形的机翼诱导阻力小，但是制作难度较大。大多数无人机的机翼都采用矩形或梯形的平面形状。

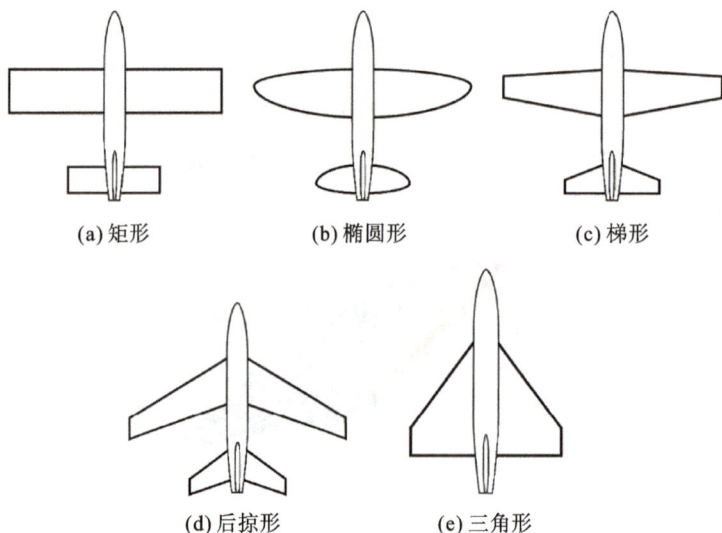

(a) 矩形　　　　　(b) 椭圆形　　　　　(c) 梯形

(d) 后掠形　　　　　(e) 三角形

图 5.7　几种常见的机翼平面形状

翼型的几何参数有前缘半径、后缘角、弦长、最大厚度、相对厚度、弯度等，如图 5.8 所示。

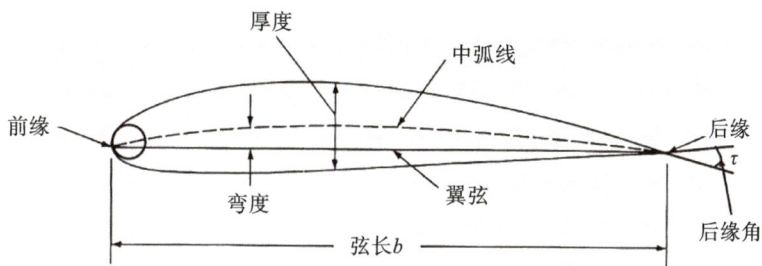

图 5.8　机翼剖面几何参数

①前缘是翼型最前面的一点。因为翼型的前缘是圆的,所以要精确地画出前缘附近的翼型曲线,通常需要知道前缘半径。

②后缘是翼型最后面的一点。

③翼弦是前缘与后缘的连线。

④中弧线是翼剖面各内切圆圆心连线。

⑤厚度是翼顶面到底面的长度。最大厚度是翼型最大内切圆的直径。相对厚度(厚弦比)是最大厚度和弦长的比值。

⑥弯度是翼中线到翼弦的最大垂直距离,即最大弧高。相对弯度是弯度和弦长的比值。

3.翼型的空气动力系数

飞机要在空气中飞行,必须要有升力。升力主要产生于机翼,利用飞机运动时机翼上下压力差产,如图 5.9 所示。机翼上下表面的压力差愈大,产生的升力就愈大。(当机翼表面压强低于大气压,称为吸力。当机翼表面压强高于大气压,称为压力。)

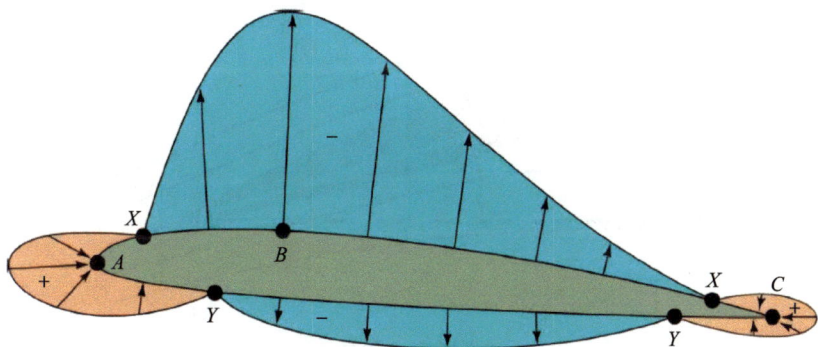

图 5.9　翼型上的升力

实际上,机翼升力的产生是十分复杂的,利用伯努利定律来解释机翼为什么会产生升力只是一种相对简单的描述,当需要对一些特殊飞行现象进行解释,或对升力进行具体计算时,伯努利定律就很难派上用场了。根据风洞和其他方法试验结果表明,机翼产生升力为

$$L = \frac{1}{2}\rho v^2 S C_L \tag{5.2}$$

式中：L ——升力，N；

  ρ ——空气密度，在海平面及标准大气条件下 $\rho = 1.226 \ \text{kg/m}^3$；

  v ——飞机与气流的相对速度，m/s；

  S ——机翼面积，m^2；

  C_L ——机翼升力系数。

  其中，ρ、v、S 都是恒定或可计算出来的，而 C_L 只能通过试验方法，如用风洞试验，测量获得。机翼产生的升力大小，除了与 ρ、v、S 有关外，还与翼型、迎角（气流与机翼所成的角度）等有关。不同的机翼、不同的翼型在不同的迎角下，有不同的升力系数，如图 5.10 所示。图中横坐标代表迎角（α），纵坐标代表升力系数（C_L）。

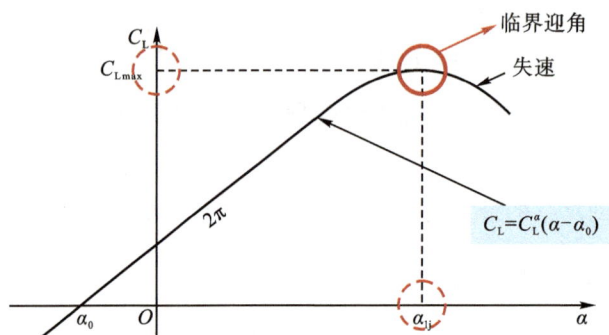

图 5.10　升力系数(经验)曲线

  迎角是翼弦和相对气流方向的夹角，如图 5.11 所示。翼弦向上为正迎角，向下为负迎角。

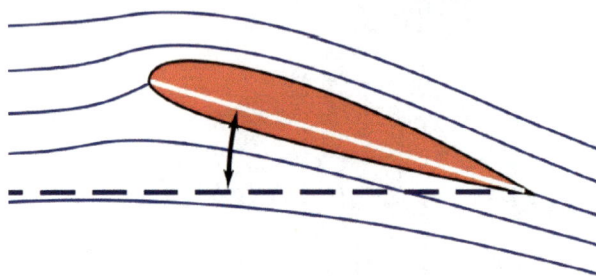

图 5.11　迎角

  当气流从斜上方吹来，迎角是负的，升力有可能等于 0，这时的迎角称为零升力迎角（α_0）。当迎角加大到一定程度后，升力系数开始下降。这个使升力系数达到最大值（C_{Lmax}）的迎角称为临界迎角（α_{lj}）。迎角超过临界迎角后，升力骤然减小，此时飞机可能下坠或自动倾斜，这种情况叫作失速。

三、SV360 测绘固定翼无人机

SV360 固定翼无人机是由深圳迪奥普无人机有限公司设计开发的轻型固定翼无人机,如图 5.12 所示。

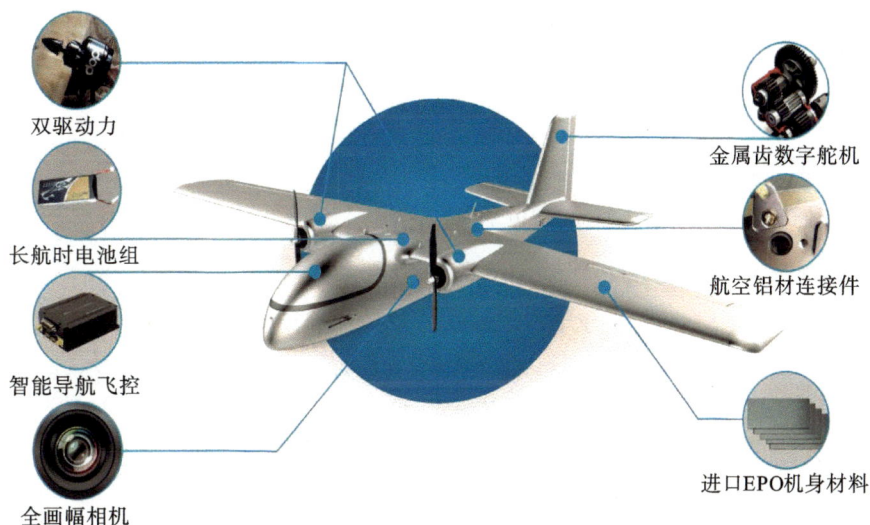

双驱动力

长航时电池组

智能导航飞控

全画幅相机

金属齿数字舵机

航空铝材连接件

进口EPO机身材料

图 5.12　SV360 固定翼无人机

SV360 采用手抛式起飞,操作简单,可快速拼装,且维护成本低,其通信半径可达 30 km,单次航摄面积为 6～10 km²,适应飞行的海拔上限可达 5000 m,成图质量能够轻松满足 1∶500、1∶1000、1∶2000 的精度要求。其性能指标如表 5.1 所示。

表 5.1　SV360 固定翼无人机性能指标

序号	项目	性能指标
1	机身外形尺寸	翼展 2000 mm,机身长 1300 mm,机身高度 400 mm,翼面积 53.2 dm²
2	飞行速度范围	55～72 km/h
3	升限	5000 m
4	任务载荷	1 kg
5	最大起飞总重量	5.5 kg
6	最大续航距离	95 km
7	续航时间	1.5 h(有效作业时间 1.3 h)
8	姿态稳定精度	横滚±4°;俯仰±5°;旋偏±5°
9	航线控制精度	偏航距±3 m;航高差±4 m;航迹向差±3°

续表

序号	项目	性能指标
10	起飞回收方式	手抛式起飞,也可安装弹射架。伞降:无需滑跑场地,无跑道要求,全自动定点开伞
11	开伞方式	弹射分离式开伞
12	机身材质	日本进口 EPO 发泡材料
13	抗风能力	5 级
14	动力系统	定制电机
15	飞行控制仪	纵横 NP100
16	遥控器含接收机	FUTABA T14SG(含充电电源)
17	GPS 模块	内置 10 Hz 高精度 GPS 接收机模块
18	整机材料	硬件及控制系统全部在中国大陆境内设计与生产,不受国际关系及进出口影响

四、SV360 固定翼无人机的配件

打开 SV360 固定翼无人机箱后,可以看到机身、左副翼、右副翼、水平尾翼、垂直尾翼、长碳管、短碳管、螺旋桨、降落伞、附件包等组件,如图 5.13 所示。螺旋桨包含正反桨,降落伞包含牵引伞和主伞。附件包中包含空速管、伞绳锁扣、弹簧、长螺丝、中螺丝、短螺丝。

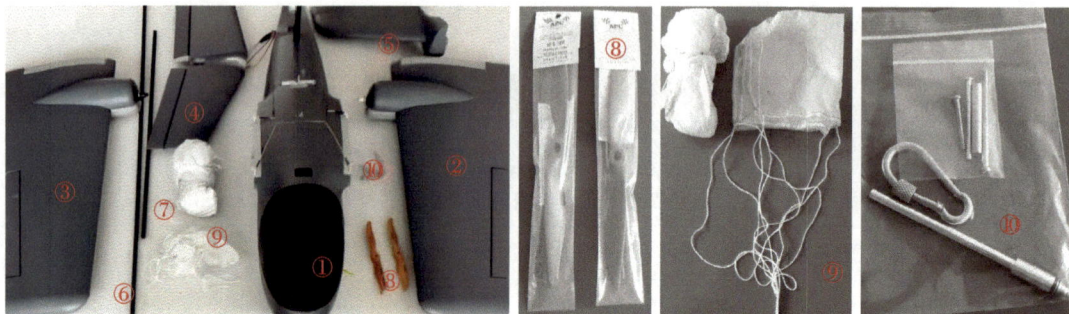

①—机身;②—左副翼;③—右副翼;④—水平尾翼;⑤—垂直尾翼;⑥—长碳管;⑦—短碳管;
⑧—螺旋桨;⑨—降落伞;⑩—附件包。

图 5.13　SV360 固定翼无人机组件

五、V10 航测固定翼无人机

V10 航测固定翼无人机是由飞马机器人研发的大载重、长航时、多功能、高精度、高效率无人机系统,如图 5.14 所示。它采用模块化设计,使用可通用的智能动力电池和高端载荷设备,

集成飞控、IMU、数传电台、高精度差分 GNSS 板卡、毫米波雷达、光学测距雷达等高性能传感器,兼容多种应用载荷,包括可见光航测模块、可见光倾斜模块、可见光视频模块、热红外遥感模块、多光谱遥感模块、高光谱遥感模块、激光雷达模块、合成孔径雷达模块以及部分组合模块,可满足不同应用需求。其性能指标如表 5.2 所示。

图 5.14　V10 垂直起降固定翼无人机

表 5.2　V10 固定翼无人机性能指标

序号	项目	性能指标
1	导航卫星	GPS:L1+L2;北斗:B1+B2;GLONASS:L1+L2
2	差分模式	RTK/PPK 融合作业模式
3	起飞重量	25 kg
4	最大载荷重量	6 kg
5	续航时间	150 min(6 kg 载荷),240 min(1 kg 载荷)
6	巡航速度	20 m/s
7	机身长度	1750 mm
8	翼展	4150 mm
9	机身高度	700 mm
10	旋翼模式爬升速度	3 m/s
11	旋翼模式下降速度	3 m/s
12	固定翼模式爬升速度	3 m/s
13	固定翼模式下降速度	3 m/s
14	悬停定位精度(单点)	水平 1.5 m,垂直 0.5 m
15	悬停定位精度(RTK)	水平 ±1 cm$+1\times10^{-6}D$,垂直 ±2 cm$+1\times10^{-6}D$

续表

序号	项目	性能指标
16	实用升限高度	6000 m(海拔)
17	抗风能力	6级(正常作业)
18	任务响应时间	展开≤10 min,撤收≤10 min
19	测控半径	50 km
20	起降方式	全自动垂直起降

任务 评价

评价模块	评价内容	得分
知识模块 (30%)	复述固定翼无人机系统组成与无人机结构(10分)	
	复述固定翼无人机系统的特点(10分)	
	熟知固定翼无人机的组装顺序和流程(10分)	
技能模块 (50%)	正确选择固定翼无人机组装的配件与工具(10分)	
	正确列出待组装固定翼无人机配件清单(10分)	
	正确绘制固定翼无人机的组装流程(15分)	
	正确准备固定翼无人机的机身主体配件和动力设备(15分)	
素养模块 (20%)	爱护组装工具与设备,定期检查工具设备(8分)	
	小组成员间默契配合,协作完成任务(7分)	
	按照计划完成各项任务实施(5分)	
总分		

任务二　固定翼无人机组装

学习目标

一、知识目标

(1)掌握固定翼无人机机体组装方法及副翼和尾翼的组装方法。

(2)掌握固定翼无人机降落伞的折叠方法与伞仓的安装方法。

(3)熟悉空速管的组装与连接方法。

(4)熟悉相机的固定与连接方法。

(5)了解固定翼无人机舵机连杆的安装与接线方法。

二、能力目标

(1)能够正确安装固定翼无人机的副翼、垂直尾翼、水平尾翼等部件。

(2)能够正确安装舵机并连接正确。

(3)能够正确安装伞仓,并正确折叠降落伞。

(4)能够正确安装空速管并连接正确。

(5)能安装和固定相机并连接正确。

三、素质目标

(1)通过固定翼无人机组装操作,培养安全生产的意识和诚实守信的良好习惯。

(2)通过固定翼无人机组装训练,培养科学严谨的工作态度和精益求精的工匠精神。

(3)以小组为单位完成实训任务,培养团结协作的合作意识。

任务分析

　　固定翼无人机平台通常包括机翼、机身、尾翼和起落架等,控制舵面通常包括副翼、升降舵和方向舵等。组装过程主要是机翼与机身的连接、尾翼与机身的连接、起落架与机身的连接。各部分之间的对接原则、对接接头的位置和数量等取决于机翼的结构受力形式和机翼的尺寸。

　　本任务设置了副翼的安装、水平尾翼的安装、垂直尾翼的安装、舵机连杆的安装、伞仓的安装、螺旋桨的安装、空速管的安装、相机的安装等内容。一般固定翼无人机以平台、动力装置组飞控系统、电气系统、机载设备等步骤组装。固定翼无人机产品组装步骤由其生产单位确定,在不影响飞行性能的前提下,部分组装顺序可适当调整,部分固定翼无人机可能会要求两个或两个以上的系统并行组装。

任务步骤

　　①完成工作任务单。

　　②进行固定翼无人机的组装训练,完成学习笔记的记录。

　　③正确安装固定翼无人机的机架组装,并检查各部分连接牢靠。

　　④安装和连接舵机、空速管、伞仓,检查连接牢靠,折叠降落伞。

　　⑤安装和连接相机模块,正确连接相机连接线,检查各部分连接牢靠。

　　⑥核对完成结果,完成工作实施单。

班级：_____ 姓名：_____

学习咨询材料，实操组装固定翼无人机，回答以下问题：

(1)写出固定翼无人机机体的组装顺序和流程。

(2)写出固定翼无人机空速管的安装步骤。

(3)固定翼无人机降落方式是伞降，其牵引伞和主伞的折叠非常重要。在下表中填出降落伞的折叠步骤。

序号	降落伞折叠步骤	序号	降落伞折叠步骤
1		5	
2		6	
3			
4			

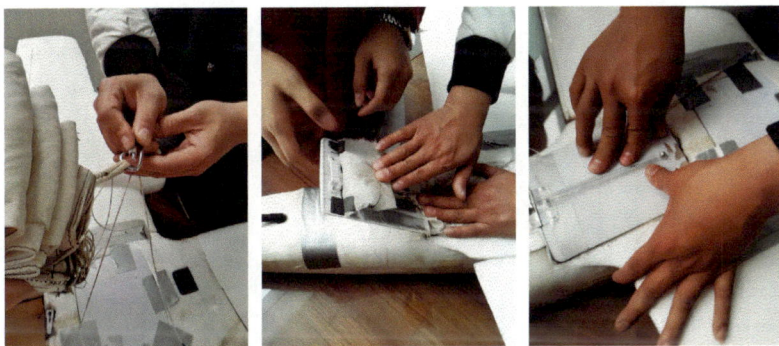

参考略图

学习笔记

班级：_____　　　　　姓名：_____

主题	
内容	问题与重点
总结	

工作 实施单

班级：_____　　　　　　姓名：_____

学习咨询材料，进行固定翼无人机组装训练后，整理组装部件与注意要点，填入下表。

序号	组装部件	组装注意要点

提升 训练单

班级：_____　　　　　　姓名：_____

在以上学习基础上，写出 V10 固定翼无人机的结构组成，绘制固定翼无人机的逻辑连接图。

V10 固定翼无人机	逻辑连接图
结构组成：	

咨询材料

一、副翼的安装

选择长碳管，插入机身与机翼连接位置的孔位，该孔位靠近飞机机头。插入后，调整其水平位置，使其左右两端均匀露出机身。待所有碳管插好后，任选一侧副翼，将其对准长短碳管插入。注意此时不要一次性将机翼完全插入。选择另一侧副翼，将其对准长短碳管插入。然后将两侧副翼同时向机身方向插入，如图 5.15 所示。

图 5.15　SV360 副翼的安装

将副翼沿碳管插入至底部，听到清脆的咔嚓声，即表示副翼已被机身处的金属按钮锁扣牢牢锁死，两侧副翼均需要被金属按钮锁扣锁死才能保证飞行安全，如图 5.16 所示。

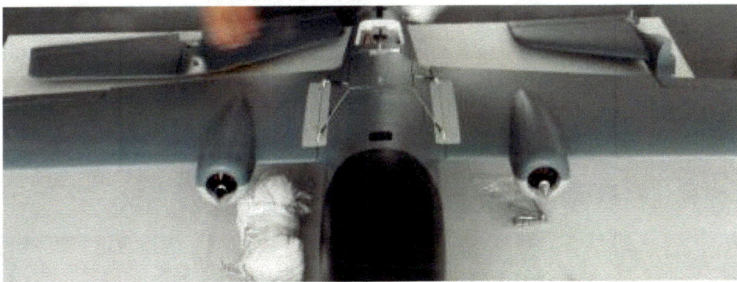

图 5.16　副翼安装完成

二、水平尾翼的安装

按住机身后舱盖的开关，拉住舱盖前缘塑料拉手，将舱盖打开。将水平尾翼的舵机线插头沿机尾处线缆连接孔塞入并插好插头，然后将水平尾翼顺安装位置下压。打开附件包，取出长螺丝，用十字螺丝刀将螺丝旋紧固定，如图 5.17 所示。

图 5.17 SV360 水平尾翼的安装

三、垂直尾翼的安装

将垂直尾翼沿安装口位置安装并扣紧。从附件包中取出短螺丝,将机体竖立,用十字螺丝刀将螺丝旋紧固定(该螺丝安装孔位于靠近机尾处),如图 5.18 所示。取出中螺丝,用十字螺丝刀将螺丝旋紧固定(该螺丝安装孔位于靠近机头处)。

图 5.18 SV360 垂直尾翼的安装

四、舵机连杆的安装

轻轻地旋转舵机臂,打开舵机连杆的夹扣头,将夹扣头全部插入连接插孔并按紧,如图5.19所示。轻摇连杆测试连接是否牢固、顺畅。

图 5.19 SV360 舵机连杆的安装

五、伞仓的安装

将牵引伞连接至主伞并叠好伞具,将自锁式挂锁挂在主伞的伞绳上,如图 5.20 所示。将机身上的伞绳同样挂在挂锁上并旋紧固定。

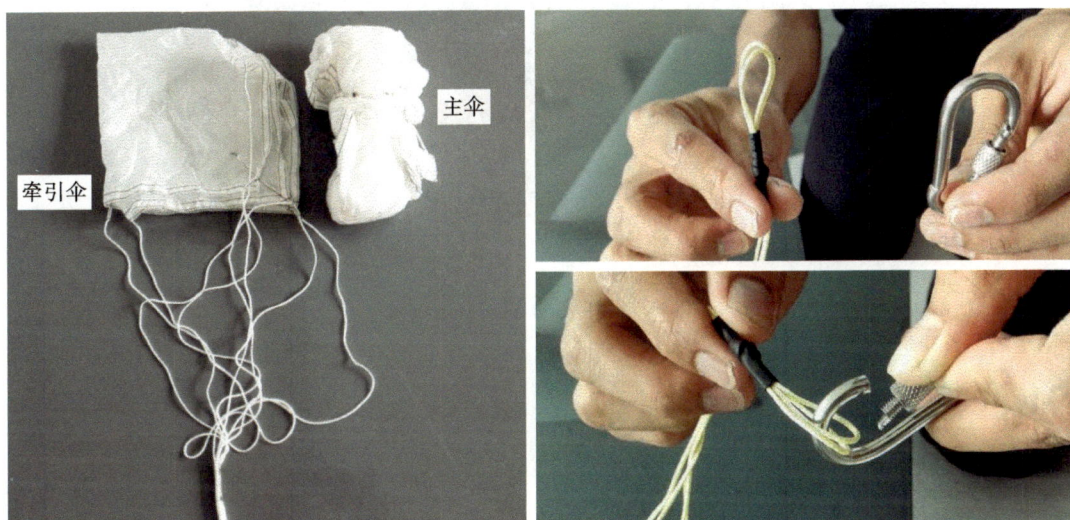

图 5.20　SV360 牵引伞连接至主伞

取出附件包中的弹簧,将一端固定在伞舱拉杆上。拉伸并固定弹簧至伞舱盖的连接处,此时弹簧已产生拉力,用手轻轻托住伞舱盖,以免弄伤机体。将已叠好的降落伞放置进伞舱,如图 5.21 所示。

图 5.21　SV360 降落伞安装

叠伞之前,先梳理伞绳,不要有打结。将伞钩挂着的 4 条牵引绳顺开,不要打结或缠绕。将主伞的伞环挂入伞钩,4 条牵引绳"2-2"分别顺放于伞舱两角内侧。将牵引伞的伞绳折叠,并用伞舱盖的伞布将其包住折叠。放伞的时候不要压得过紧,能将伞舱盖关住即可。

六、螺旋桨的安装

取出螺旋桨,右副翼为正桨(顺时针),左副翼为反桨(逆时针)。拧出一侧整流罩并取出金属垫片,安装桨叶及金属垫片,安装整流罩并使用螺丝刀(插入整流罩前端孔洞)将其拧紧,如图 5.22 所示。

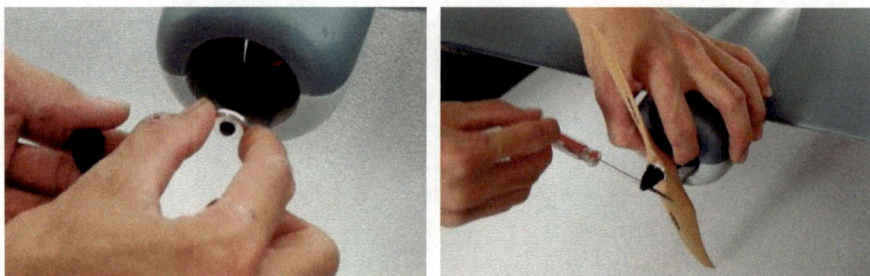

图 5.22　SV360 螺旋桨的安装

七、空速管的安装

取出空速管,并将其旋紧安装在空速管支架上,将空速软管套在空速管上,如图 5.23 所示。

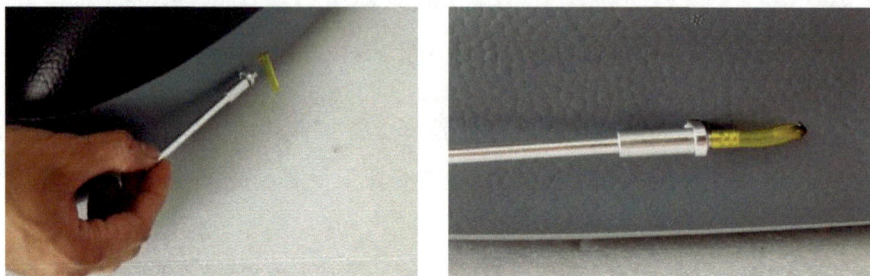

图 5.23　SV360 空速管的安装

通过以上步骤即可完成 SV360 的组装。

八、相机的安装

飞行前要对远处的景物进行试拍对焦,确保相机对焦没有问题的情况下再将相机放入任务仓内。如果需要关机,应在开机后重新对焦。将相机插上快门线后,先将插有快门线的一端放入相机海绵垫,随后放入相机,确保相机水平放置,如图 5.24 所示。

图 5.24　SV360 无人机的相机安装

任务 评价

评价模块	评价内容	得分
知识模块 （30%）	复述固定翼无人机机体的组装方法，以及副翼和尾翼的组装方法（9分）	
	复述固定翼无人机的组装内容（12分）	
	熟知固定翼无人机降落伞的折叠方法与伞仓的安装方法（9分）	
技能模块 （50%）	正确安装固定翼无人机的副翼、垂直尾翼、水平尾翼等部件（15分）	
	正确安装舵机并连接正确（15分）	
	正确安装伞仓，并正确折叠降落伞（15分）	
	正确安装空速管和任务设备（5分）	
素养模块 （20%）	无人机组装工具使用正确，操作规范（10分）	
	小组成员间默契配合，协作完成任务（5分）	
	按要求步骤进行各项任务实施（5分）	
总分		

▶ 任务三　固定翼无人机调试

学习目标

一、知识目标

(1) 了解固定翼无人机调试的内容与步骤。

(2) 熟悉固定翼无人机重心调试方法和注意事项。

(3) 熟悉固定翼无人机的舵面调试方法。

(4) 掌握固定翼无人机地面站使用方法和相机参数设置方法。

(5) 掌握固定翼无人机飞行前检查方法。

二、能力目标

(1) 能够正确安装和配置地面站调参软件。

(2) 能够正确进行舵面调试、重心调试、喷头流量校准工作。

(3) 会使用地面站调参软件进行飞行前检查。

(4) 能够正确设置相机型号、传感器尺寸、镜头焦距等参数。

(5) 能进行线路、控制面、姿态、磁罗盘、相机参数检查及应急参数设置。

三、素质目标

(1) 认真仔细完成固定翼无人机调试,培养科学严谨、实事求是的工作态度。

(2) 按照相关要求规范操作,形成自觉遵守规则、按章操作的安全生产意识。

(3) 在固定翼无人机调试过程中耐心操作,培养吃苦耐劳、无私奉献的优良品质。

任务分析

固定翼无人机调试主要是软件部分的调试,包括飞行控制器、遥控器和接收机、动力系统调试等。飞行控制器调试包括飞控固件的烧写、各种传感器校准和飞行控制器相关参数的设置等;遥控器和接收机调试包括对码操作、遥控模式设置、通道配置、接收机模式选择、模型选择和机型选择、舵机行程量设置、中立微调和微调步阶量设置等;动力系统调试主要是电调调参、电机旋转方向等内容,为固定翼无人机稳定飞行提供条件。

根据机型和商家不同,固定翼无人机的调试内容也有所不同。本任务结合 SV360 固定翼无人机,设置重心调试、舵面调试、传感器自检、相机参数设置、飞行前检查等内容。

任务步骤

① 完成工作任务单。

② 进行固定翼无人机的调试训练,掌握调试步骤与各项参数的设置方法,完成学习笔记的记录。

③ 进行固定翼重心调试与舵面调试。

④ 在地面站软件进行相机型号、传感器尺寸、镜头焦距等参数设置。

⑤ 进行线路、控制面、姿态、磁罗盘、相机参数、应急参数等检查。

⑥ 进行固定翼无人机调试训练,完成工作实施单。

工作任务单

班级：_____　　　　　　　　姓名：_____

学习咨询材料，回答以下问题：

（1）SV360固定翼无人机重心调试有哪些要点？

（2）SV360固定翼无人机舵面调试有哪些要点？

（3）SV360固定翼无人机在地面站软件上自检的传感器有哪些？

（4）需要在地面站软件上设置的相机参数有哪些？飞行前检查时，需要检查哪些相机参数？填入下表。

相机参数设置内容	相机参数检查内容

学习 笔记

班级：＿＿＿＿＿＿＿＿　　　　　　　姓名：＿＿＿＿＿＿＿＿

主题	
内容	问题与重点
总结	

工作实施单

班级：＿＿＿＿＿＿＿＿＿＿　　　　　　姓名：＿＿＿＿＿＿＿＿＿＿

学习咨询材料，整理固定翼无人机调试控制面检查的内容和要点，填入下表。

控制面检查内容	检查要点	注释

提升训练单

班级：＿＿＿＿＿＿＿＿＿＿　　　　　　姓名：＿＿＿＿＿＿＿＿＿＿

固定翼无人机的应急参数检查包括哪些内容？填入下表。

高度极限设置内容	超时极限设置内容	应急航路点设置内容

咨询材料

一、固定翼重心调试

将所有设备都装入固定翼无人机内部后,在飞机机翼下方、电机外侧的接线处,用手指将飞机顶起,观察飞机的姿态,如图5.25所示。若低头则是机头部分较重,若抬头则机头部分较轻。通过调节电池的位置,使飞机前后平衡。

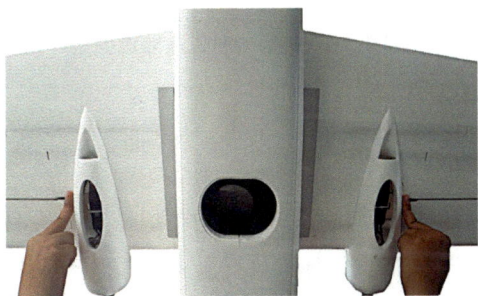

图 5.25　固定翼无人机重心调试

二、舵面调试

在通电后,舵面的中立位和最大最小位置可能有些不合适的地方,可对其进行调整,使通电舵机舵面保持在中立位,如图5.26所示。先在中位校准调整舵机的中立位,保证中立位的准确。然后再调整舵面行程,对上偏、下偏进行调整,上偏下偏的角度不宜过大。

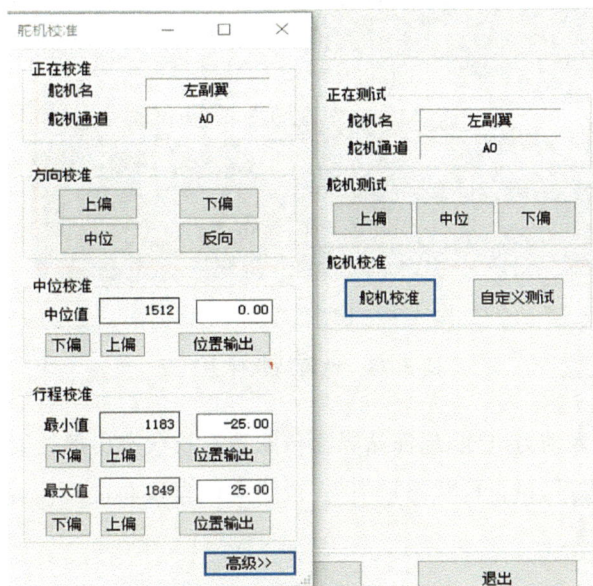

图 5.26　舵面调试界面

　　固定翼无人机第一次通电时需要读取飞控上的参数。舵机名和通道按实际情况对应即可，如图 5.27 所示。

	舵机名	舵机通道/地址	
0	左副翼	A0	∨
1	升降舵	A1	∨
2	油门	A2	∨
3	方向舵	A3	∨
4	降落伞(停车联动)	A4	∨
5	右副翼	A5	∨

图 5.27　舵机名和通道对应关系

三、传感器自检

　　飞行传感器自检状态包含动压静压传感器、磁罗盘、陀螺仪等自检状态。打开地面站软件，串口设置选择 COM 端口，点击【任务规划与执行】，进入"迪奥普无人机管家"地面站软件主页面，如图 5.28 所示。

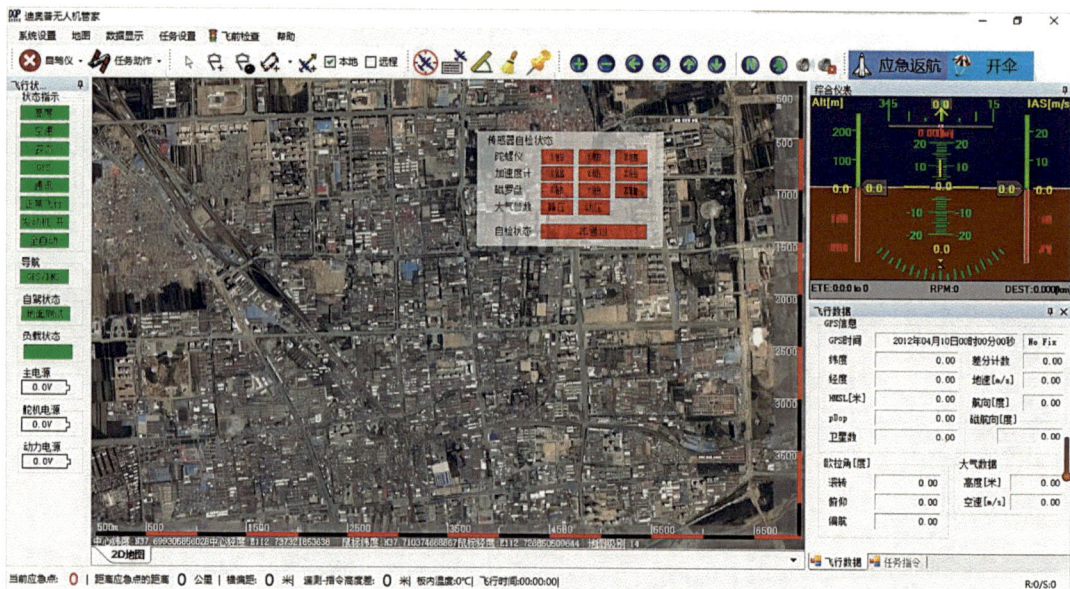

图 5.28　地面站软件主页面

　　给无人机通电，接入动力电池，地面站界面传感器自检状态出现红绿色闪烁状态，如图5.29所示。当自检正常完成后，该自检状态栏消失，说明飞机自检通过。

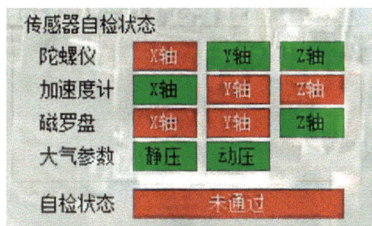

图 5.29 传感器自检状态

四、相机参数设置

在地面站软件导入飞行任务区域，点击【新建航摄飞行计划】→【规划任务区域】，进入航拍参数设置页面，设置相机型号、传感器尺寸、镜头焦距等参数，如图 5.30 所示。

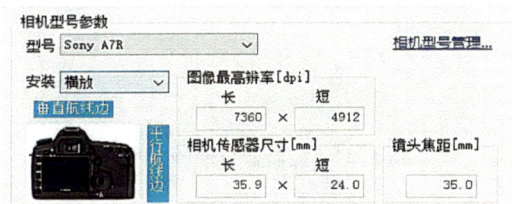

图 5.30 相机参数设置

五、飞行前检查

飞行前检查时，需检查降落伞是否放入伞仓内、降落伞是否已折叠好，保证顺利开伞；检查舵机固定螺丝是否松动、机身是否完整、是否扎有异物，检查桨是否松动、螺旋桨安装是否正确；检查线路接头是否松动、飞机重心是否合适；检查飞机全油门时拉力是否正常、空速管里是否有异物、舵机运转是否正常等。飞行前检查界面如图 5.31 所示。

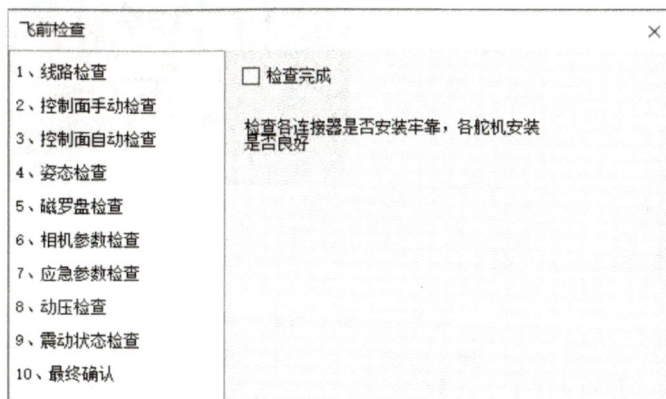

图 5.31 飞行前检查界面

首先检查连接线路,然后点击【线路检查】,如果没问题,再点击【控制面自动检查】,进入如图 5.32 所示的控制面自动检查界面,以检查舵面。

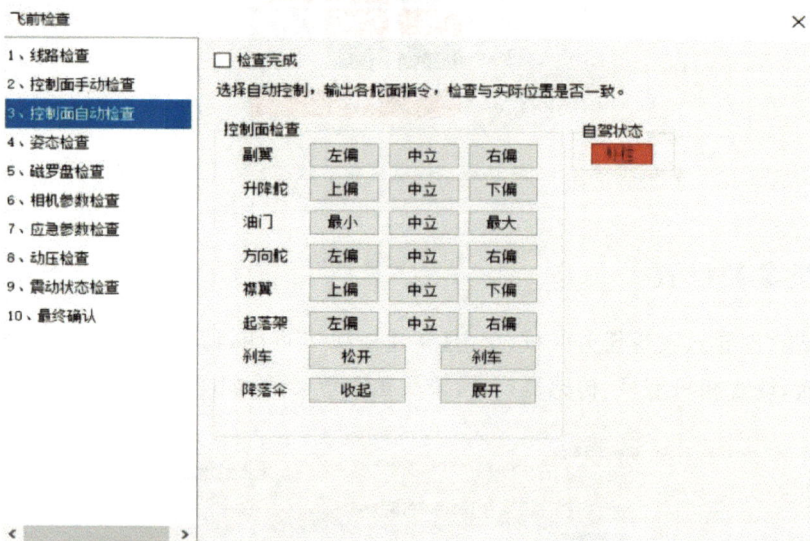

图 5.32　控制面自动检查界面

点击【姿态检查】,进入姿态检查页面,如图 5.33 所示。转动固定翼机身,检查屏幕显示是否与实际转动一致。

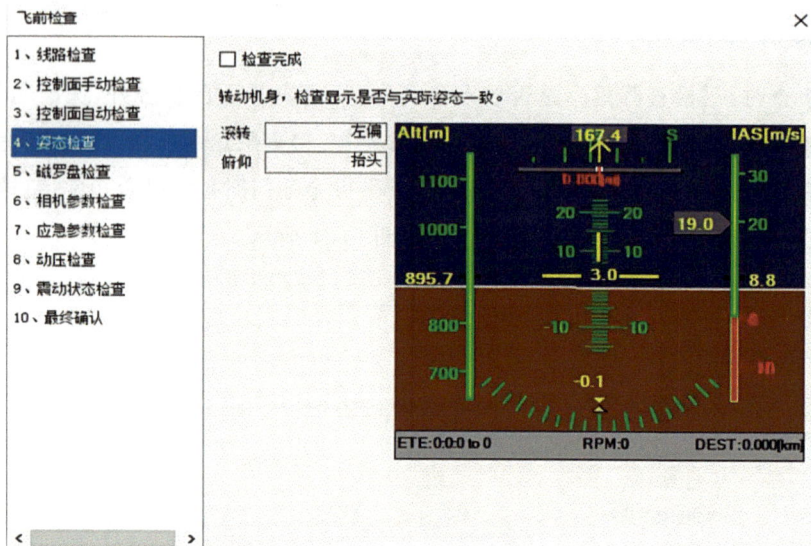

图 5.33　姿态检查界面

点击【磁罗盘检查】,再点击【请求】获取无人机相关参数,转动机身,检查屏幕显示与实际姿态是否一致,如图 5.34 所示。

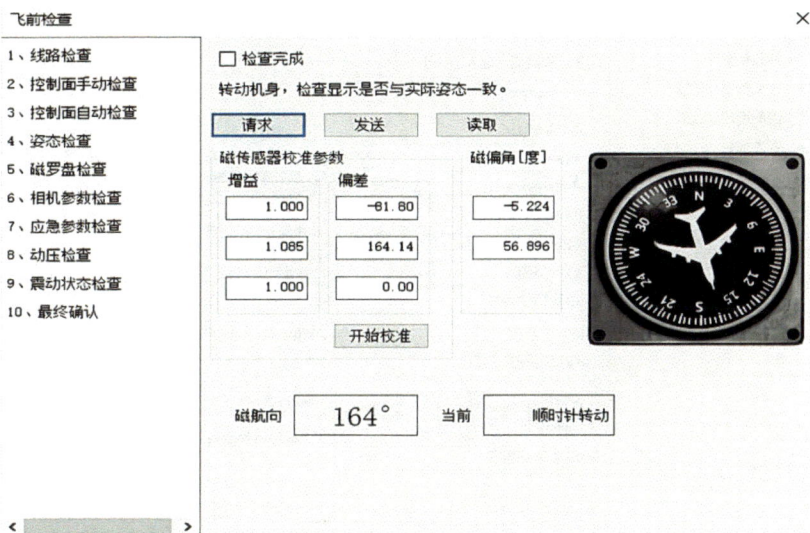

图 5.34　磁罗盘检查界面

点击【相机参数检查】并设置拍摄模式,如图 5.35 所示。填写定距、定时等参数,并手动单张试拍。

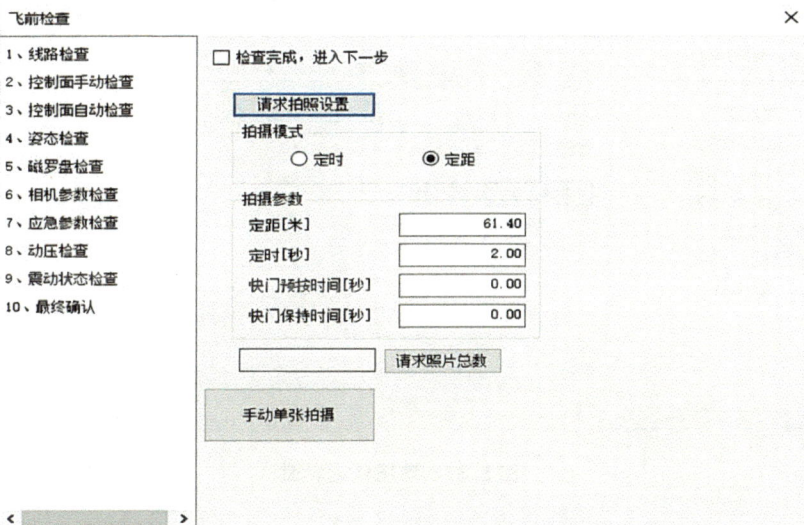

图 5.35　相机参数检查界面

点击【应急参数检查】,设置最低高度、最高高度等高度限制参数,如图 5.36 所示;设置 GPS 超时、数据链超时等参数;"如果终止飞行,则"选择【关闭油门】【打开降落伞】等选项。

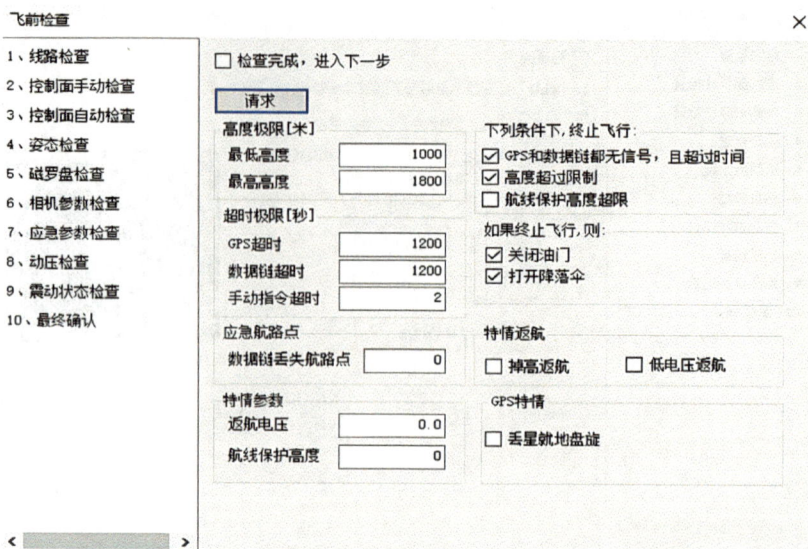

图 5.36 应急参数检查界面

点击【动压检查】，检查动压和空速，如图 5.37 所示。

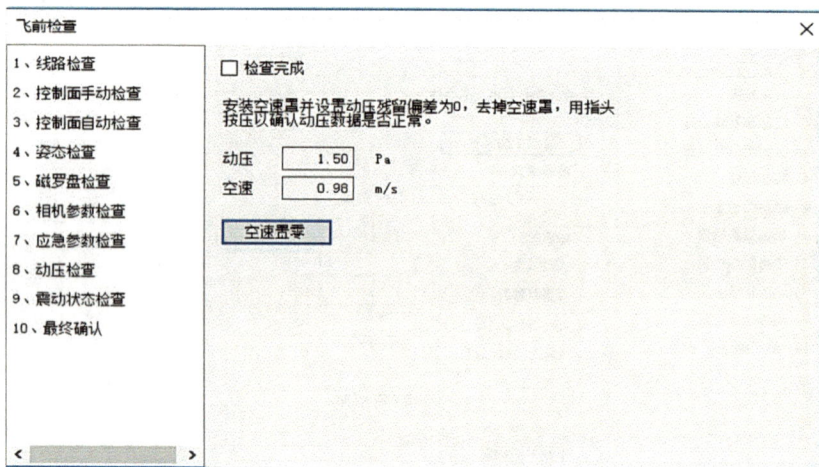

图 5.37 动压检查界面

点击【震动状态检查】，启动发动机，通过转速变化校验动压、静压、磁罗盘和姿态是否正确运行，如图 5.38 所示。

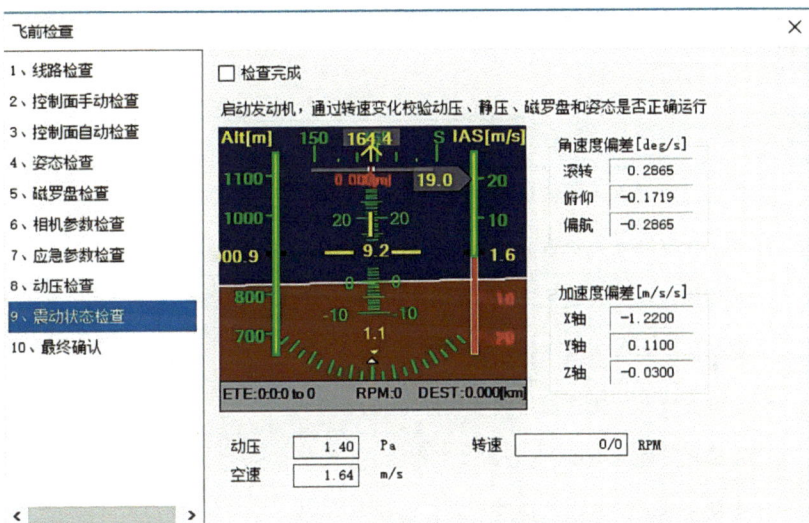

图 5.38　震动状态检查界面

确认以上检查都没问题后，在如图 5.39 所示【最终确认】界面点击【保存全部配置到自驾仪】发送飞行计划，即可请求飞行。

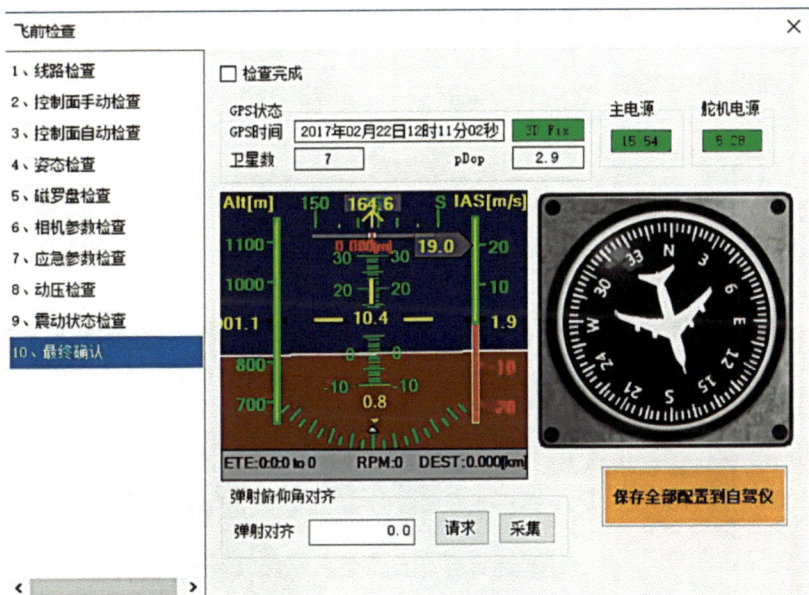

图 5.39　检查完成界面

任务评价

评价模块	评价内容	得分
知识模块 （30%）	复述固定翼无人机调试的内容与步骤（10分）	
	复述固定翼无人机重心调试的方法和注意事项（5分）	
	熟知固定翼无人机地面站使用方法和相机参数设置方法（5分）	
	熟知固定翼无人机飞行前检查方法（10分）	
技能模块 （50%）	正确安装和配置地面站调参软件（10分）	
	正确进行舵面调试、重心调试工作（10分）	
	会使用地面站调参软件进行飞行前检查（10分）	
	正确设置相机型号、传感器尺寸、镜头焦距等参数（10分）	
	正确完成线路、姿态、磁罗盘、相机参数等检查（10分）	
素养模块 （20%）	无人机调试操作步骤正确，操作规范（10分）	
	形成自觉遵守规则、按章操作的安全生产意识（5分）	
	按要求步骤进行各项任务实施（5分）	
总分		

扩展阅读

打造天空之眼——走近中国的"彩虹"无人机

从微型、近程小型、中近程，到中高空长航时，再到太阳能，"彩虹"系列覆盖了无人机几乎所有的类型。

根据发展规划,彩虹太阳能无人机未来将具备"准卫星"的特征,比如利用其架设"空中移动Wi-Fi"基站,为偏远地区或海岛提供便捷、迅速的移动通信和互联网接入服务。地震、泥石流等自然灾害发生后,通信中断。无人机上天以后,可以提供持久的4G/5G信号,保持受灾地区与外界的联络。

太阳能无人机已吸引了海洋、森林消防、地质调查等领域单位的持续关注。国内外多家网络公司也与"彩虹"进行了洽谈,策划用长航时无人机作为其空中通信基站,保证偏远地区用户的网络服务。

无人机可以长时间在战场上空盘旋,依靠自身的侦测系统全面掌握战场情况,能够做到精确打击,目前已经被许多国家应用于反恐战场。而在民用领域,无人机重要市场是测绘、地质勘探、气象、环境监测、油气管道检查、城市规划、安全防护等部门。一些人迹罕至的海岛、丛林和沙漠地带,极少有卫星能够长时间停留。"彩虹"无人机通过与地面操作的配合,将来可能实现短时间内数据重访,甚至可以全天候不间断监测,并对数据进行实时更新。

无人机的使用将大大提高工作效率,将来无人机与互联网、大数据、人工智能紧密结合,对地球数据的探索、人类生存环境的监测,更加值得期待。就像挂在天空中永不闭上的眼睛。

资料来源:学习强国

参考文献

[1]孙毅.无人机驾驶员航空知识手册[M].北京:中国民航出版社,2014.

[2]孙毅.无人机驾驶:初级[M].北京:高等教育出版社,2020.

[3]于坤林.无人机概论[M].北京:机械工业出版社,2019.

[4]于坤林.无人机维修技术[M].北京:航空工业出版社,2020.

[5]鹿秀凤,冯建雨.无人机组装与调试[M].北京:机械工业出版社,2019.

[6]鲁储生.无人机组装与调试[M].北京:清华大学出版社,2018.

[7]符长青,曹兵.多旋翼无人机技术基础[M].北京:清华大学出版社,2017.

[8]刘岩松.民航概论[M].北京:清华大学出版社,2017.

[9]张垚.无人机驾驶员理论培训教材[M].北京:航空工业出版社,2016.

[10]罗亮生,徐华滨.无人机植保技术[M].北京:中国民航出版社,2018.

[11]刘琳,王宏新.无人机材料简述[J].飞航导弹,2013(11):80-84.

[12]曹明兰,林正平.植保无人飞机应用:初级[M].北京:机械工业出版社,2023.

[13]李亚东,曹明兰.无人机检测与维修[M].北京:机械工业出版社,2024.